송영방, 〈추사선생영주적거도秋史先生瀛洲謫居圖〉, 2008, 수경실 소장

**추사의 스승인 옹방강이
평생 흠모했던 소동파**
추사는 유배중인 자신의 처지를
소동파에 비유하곤 했다.

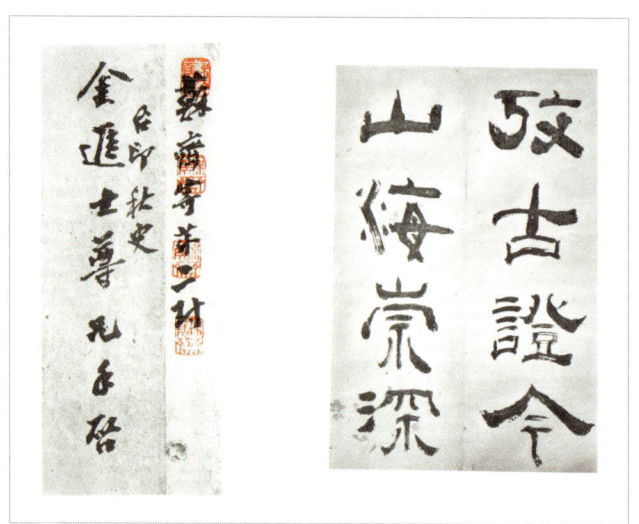

옹방강이 추사에게 보낸 편지의 영인본 「옹담계수찰첩」
옹방강은 추사에게 편지를 보내 경학을 지도하였다. 후지츠카가 영인한 것이다.

當黙而黙
近乎時當
笑而笑近
乎中周旋
可否之間
屈伸消長
之際動而
不悖於天
理靜而不
拂乎人情
黙笑之義

김정희, 〈묵소거사자찬默笑居士自讚〉 부분, 국립중앙박물관 소장
추사와 가장 가까운 친구였던 김유근은 말년에 병에 걸려 말을 못하게 된
자신을 묵소거사라 부르며 찬문을 지었고, 추사는 김유근을 위해 글씨를 썼다.

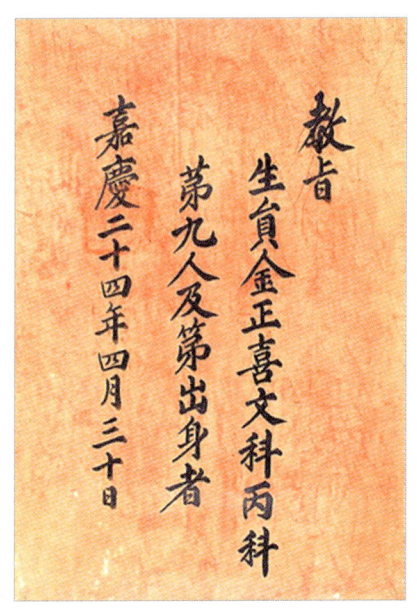

教旨
生貟金正喜文科丙科
第九人及第出身者
嘉慶二十四年四月三十日

김정희의 문과 합격증 홍패(紅牌), 장서각 소장
1819년 추사의 문과 합격증서이다.

〈세한도〉 그림 부분

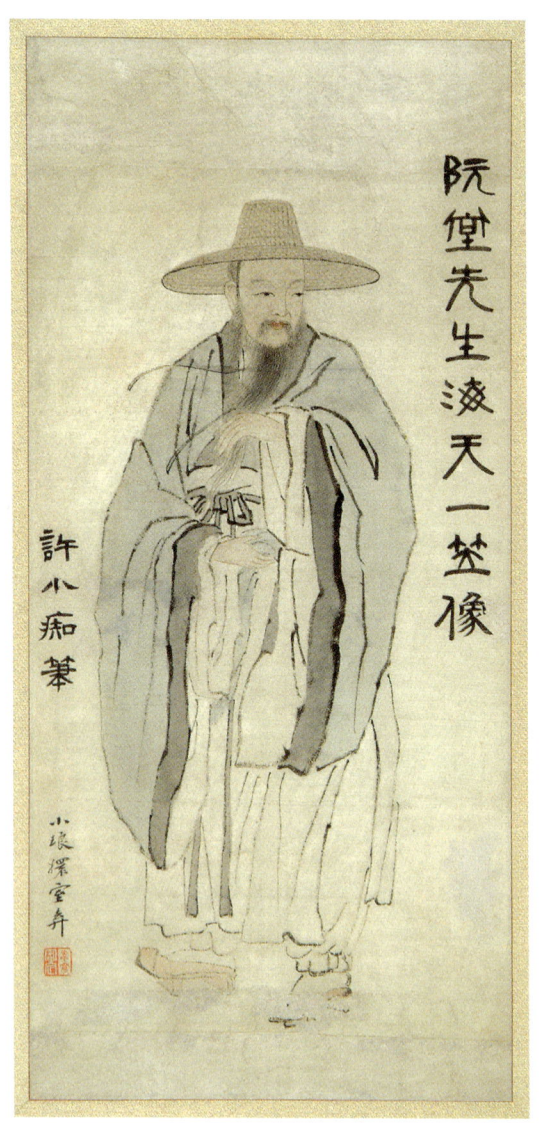

허련, 〈완당선생해천일립상阮堂先生海天一笠像〉, 아모레퍼시픽미술관 소장
추사가 바닷가에서 삿갓을 쓰고 있는 모습을 그렸다.

『은송당집恩誦堂集』에 실린 이상적의 초상화

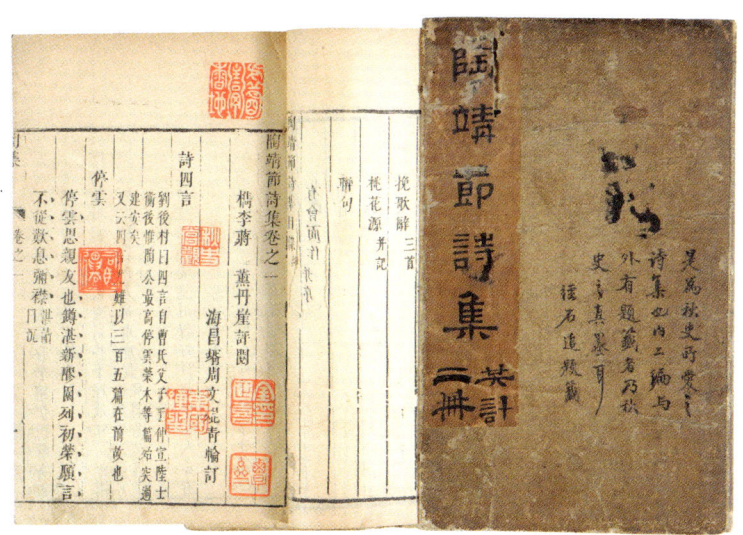

『도정절시집陶靖節詩集』, 현계정사 소장
추사의 수택본으로 표지 제첨은 추사의 친필이다.

김정희(金正喜), 〈세한도歲寒圖〉, 종이에 수묵, 23.3cm×108.3cm, 손창근 소장

붓을 든 추사는 자신의 처지와 우선의 절개를 비유한 그림을 그려나갔다.
창문 하나 그려진 조그만 집 하나, 앙상한 고목의 가지에 듬성듬성 잎이
매달린 소나무 하나, 그리고 나무 몇 그루를 그렸다. 눈이 내린 흔적도 없지만
바라보기만 해도 한기가 느껴질 정도로 쓸쓸하고 썰렁했다. 집 안에는 누가
있을까. 추사 자신만이 혼자 남아 있을 것이다. 저 앙상한 나무들마저 없다면
그 쓸쓸함을 저 집 혼자 감당할 수 있을까 싶다. 추사는 또다른 종이 위에
칸을 치고 글씨를 써내려갔다. 자신의 심정을 우선에게 알리고 싶었던 것이다.
고맙네, 우선(藕船)!

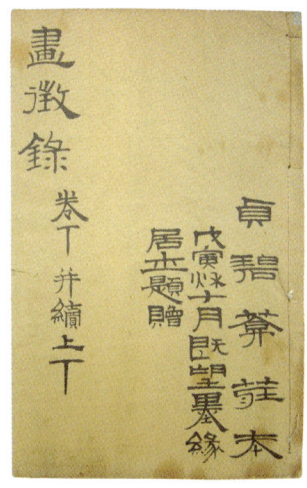

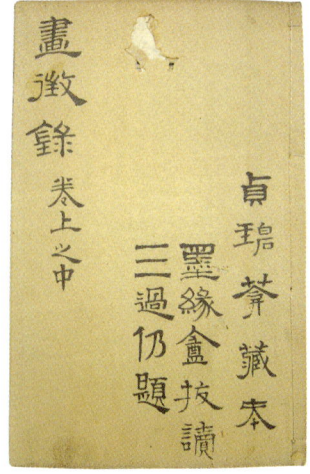

『국조화징록國朝畵徵錄』, 계명대학교 동산도서관 소장

추사가 중국 화가들의 정보를 습득하는 데 가장 큰 도움을 받은 청대 화가들의 전기집이다.

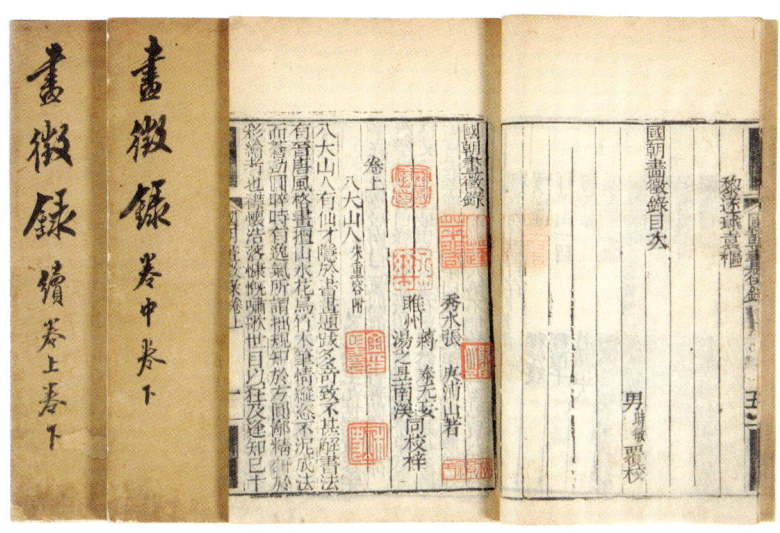

『국조화징록國朝畵徵錄』, 수경실 소장

추사의 수택본 『국조화징록』 3책. 추사의 인장 수십 방이 남아 있다.

松柏之後凋松柏是毋四時而不凋者

歲寒以前一松柏也歲寒以後一松柏

也聖人特稱之於歲寒之後今君之於

前之君無可稱由後之君亦可見稱於

我由前而無加焉由後而無損焉然由

聖人也耶聖人之特稱非徒為後凋之

真操勁節而已亦有所感發於歲寒之

時者也烏乎西京淳厚之世以汲鄭之

賢賓客与之盛衰如下邳榜門迫切之

極矣悲夫阮堂老人書

〈세한도〉 글씨 부분

去年以晚學大雲二書寄来今年又以
藩畊文編寄来此皆非世之常有購之
千万里之遠積有年而得之非一時之
事也且世之滔々惟權利之是趨為之
費心費力如此而不以歸之權利乃歸
之海外蕉萃枯槁之人如世之趨權利
者太史公云以權利合者權利盡而交
踈君点世之滔々中一人其有超泄自

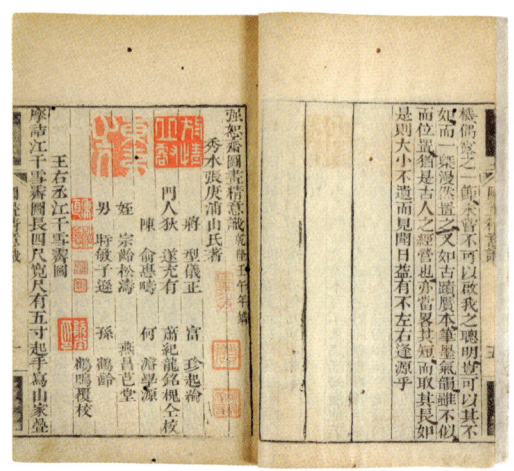

『도화정의지圖畵精意識』, 수경실 소장

추사의 수택본으로 국내에 그 전본이 드문 희귀본이다.「논화팔칙論畵八則」중
「논품격론品格」이란 글에 "옛날 사람들은 '그림에 선비의 기상이 나타나야 한다'고 말했는데,
이것은 품격을 이야기한 것이다" 라는 대목이 나온다.

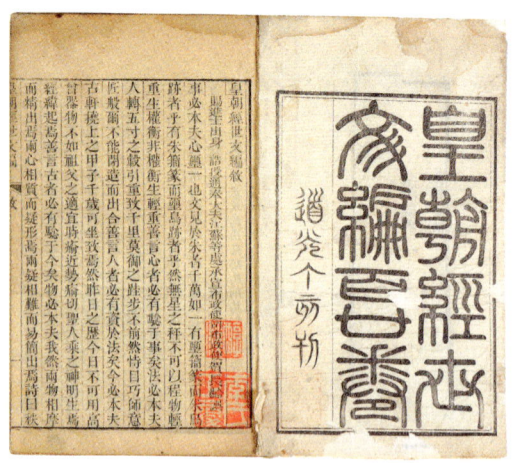

『황조경세문편皇朝經世文編』, 수경실 소장

학문을 논의한 내용과 사무에 실용적으로 응용할 수 있는 글들이 실려 있기 때문에
청나라에서 간행된 책을 부정적으로 바라보던 조선 지식인들도 그 가치를 인정했던 책이다.
이 책을 조선에 제일 먼저 들여왔던 이정리의 수택본.

方 相 於 求 意
臯 馬 前 顔 足
　 九 身 色 不

추사가 쓴 진거비(陳去非) 시구, 단계경독지실(丹溪耕讀之室) 소장
문인화는 사물의 형상을 똑같이 그려내는 게 중요한 게 아니라,
작가의 의식이 잘 드러나야 한다는 것을 상징적으로 표현한 시구이다.

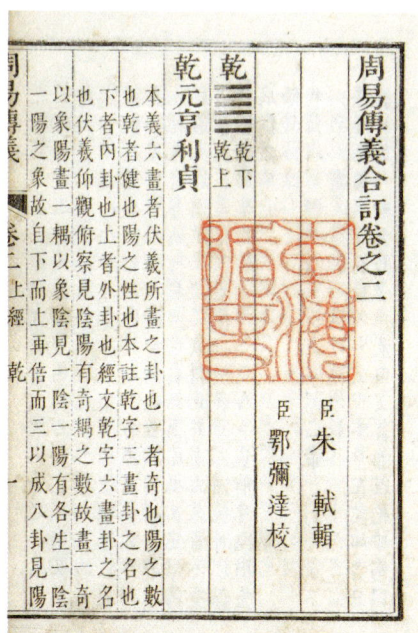

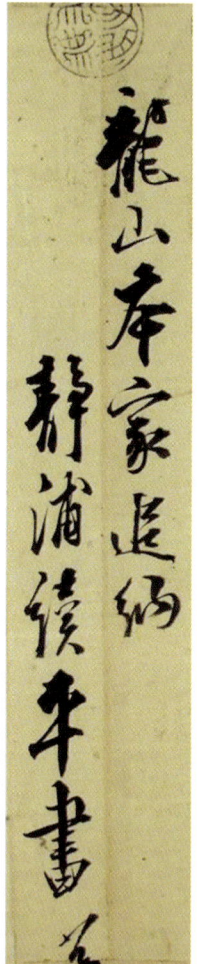

동해순리(東海循吏)인, 수경실 소장
『주역전의합정周易傳義合訂』에 찍혀 있는
인장으로, '동해의 선량한 관리'라는 뜻이다.
추사는 동생 김명희가 제주도로 보내준
이 인장을 무척 아꼈다.

〈세한도〉에 찍힌 장무상망(長毋相忘)인
'오래도록 서로 잊지 말자'는
의미의 인장이다.

보평안(報平安)인,
국립중앙박물관 소장
추사가 편지를 봉함할 때
사용한 인장.

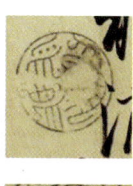

세한도

01 키워드 한국문화

세한도

박철상 지음

문학동네

키워드 속 키워드

〈세한도〉는 단순한 그림이 아니다

　내가 '추사秋史'라는 어휘와 처음 만난 것은 초등학교 때의 일이다. 한학자이신 부친의 글씨에 익숙해 있던 터라, 처음 만난 추사의 글씨는 무척이나 생소했다. 〈세한도〉를 만난 것도 그즈음이었다. 추사의 글씨와 그림은 이렇게 내 가슴 한쪽에 자리하게 되었다. 추사 선생과의 만남도 자연스럽게 시작되었다. 이후 최완수 선생의 글을 통해 추사 선생과의 만남은 본격화되었다. 그리고 다시 후지츠카 지카시藤塚鄰의 추사 연구논문을 번역한 『추사 김정희 또다른 얼굴』을 만났다. 그 방대하고 치밀한 고증에 기가 눌렸다. 궁금증은 갈수록 쌓여갔지만 해소할 곳도 물어볼 곳도 없었다. 연구논문들이 쏟아졌지만, 의문을 풀어줄 만한 글은 만나기 어려웠다. 추사 선생에 관한 자료를 본격적으로 수집하기 시작했다. 후지츠카 학문의 저력이 바로 그 자료에 기반하고 있다는 사실을 깨달았기 때문이었다. 이렇게 고서점과 국내외 도서관을 찾은 지 20년이 넘었다.

　2006년 가을, 추사 김정희 서거 150주기를 추모하는 전시회가 여러 곳에서 열렸다. 각기 특징이 있는 전시였기 때문에 추사를 좋아하는 많은 사람들은 오랜만에 누리는 안복眼福에 환호했다. 그중에서도 국립중앙박물관에서 열린 전시회는 〈세한도〉를 보기 위해 몰려든 사람들로 북새통을 이뤘다. 당시 전시의 자문을 담당했던 나는 전시품을 선별하는 작업은 물론, 도록에 실릴 자료의 탈초와 번역, 그리고 감수에 이르기까지 행사에 깊이 관여하였다. 그런 인연으로 지하 수장고에서 〈세한도〉를 직접 배관하는 호사까지 누렸다. 〈세한도〉를 마주한 그날의 감동을 생각하면 지금도 가슴이 뛴다. 160여 년 전 청나라 학자들의 감동이 그랬을까? 60여 년 전 위창과 담원의 감동이 그랬을까?

〈세한도〉에 대한 내 관심도 이때부터 본격화되었다. 관심을 가질수록 의문은 늘어갔다. 〈세한도〉는 언제 어떻게 탄생했을까? 〈세한도〉는 우연히 그린 것일까? 〈세한도〉가 주는 저 황량한 느낌의 정체는 무엇일까? 〈세한도〉는 어떻게 감상해야 하는 것일까? 〈세한도〉가 지금의 모습을 지니기까지 어떤 경로를 거쳤을까? 기존의 연구 성과에서 한 번씩은 언급된 문제들이었다. 하지만 나의 생각과는 같지 않았다. 동의할 수 없는 부분들이 많았다. 이 글은 바로 〈세한도〉에 관한 그러한 의문을 해소하는 과정을 보여주기 위한 것이다. 사람들은 왜 〈세한도〉에 열광하는 것일까? 〈세한도〉의 무엇이 우리의 가슴을 뛰게 만드는 것일까? 뛰어난 그림 솜씨 때문일까? 가슴 뭉클하게 하는 사연 때문일까? 아니면 청조 문사들의 제영題詠 때문일까? 물론 어느 하나 때문만은 아닐 것이다. 〈세한도〉에 서문이 없다면 이처럼 감동이 밀려오지 않았을지도 모를 일이고, 〈세한도〉에 청조 문사들의 제영이 없었다면 이처럼 자랑스럽지 않았을지도 모른다. 〈세한도〉

에 인장 하나 제목 하나라도 지금처럼 붙어 있지 않았다면, 이런 찬사가 이어지지 않았을지도 모른다. 〈세한도〉가 탄생하고 지금껏 전해지기까지 가슴 뭉클한 사연이 없었다면 이렇게 열광적인 찬사를 보내지 않았을지도 모를 일이다.

〈세한도〉는 단순한 그림이 아니다. 〈세한도〉가 탄생하고 유전流轉된 과정은 그 자체가 19세기 조선 학예의 총화이다. 단순히 그림으로만 이해해서는 안 되는 이유이다. 그림이기 이전에 한 시대 학술과 문화의 결정체이다. 〈세한도〉에 대한 연구가 미술사 연구자들만의 전유물일 수 없는 것도 이 때문이다. 갈수록 추사에 관한 이야기가 많아지고 있지만 의미 있는 연구는 적어지고 있다. 〈세한도〉를 이야기하는 이유이다.

2009년 겨울
수경실에서 저자 씀

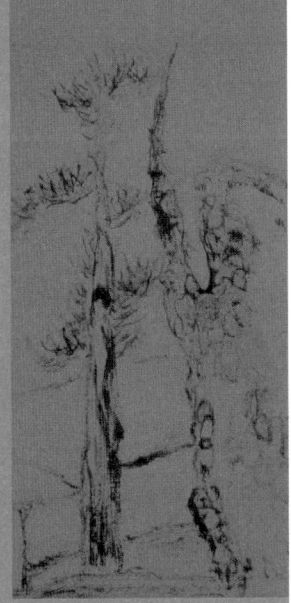

1

역관 이상적,
운명을 만나다

내가 평생 이 사람을 모셔도 되는 것일까? 어쩌면 이날 우선 이상적의 운명은 결정되어버렸을지도 모른다. 그의 앞날엔 추사 김정희와의 운명 같은 일생이 기다리고 있었다. 한겨울의 나뭇가지 위로 맴돌던 까치의 모습은 바로 이상적 자신의 모습이었다. 그 추운 날 부친을 유배지에 떠나보낸 추사의 심정은 얼마나 참담했을까? 그날 이상적은 슬픔에 잠겨 있던 추사를 찾아가 위로했던 것이다.

"김추사께선 평안하십니까?"

"지금 유배중입니다."

"참 안타깝게 되었군요. 이우선은 안녕하십니까?"

"잘 있다고 들었습니다."

사신을 따라 연경燕京, 베이징에 간 이희팔李羲八이 청나라 문인 왕홍王鴻, 1806~?과 만나 나눈 필담筆談의 일부이다.[1] 왕홍은 우선藕船 이상적李尙迪과 는 절친했지만 추사秋史 김정희金正喜와는 얼굴 한 번 본 적도 없는 사이였 다. 1810년쯤부터 연경의 지식인들은 조선에서 온 문사를 만나면 언제나 추사를 아는지 묻곤 했다. 그리고 1830년 이후, 그들은 조선의 사신이 도 착하면 추사와 우선을 아는지 묻기 시작했다. 추사나 우선을 모르고선 연 경의 학자들과 깊은 대화를 나누기 어려울 지경이 되었다. 그들이 추사와 우선을 조선의 대표적인 지식인으로 인식하고 있었기 때문이다. 도대체 이상적은 김정희와 어떤 관계였을까? 연경의 지식인들은 왜 추사와 우선 을 함께 이야기했던 것일까?

명나라의 멸망1644은 중국과 조선의 지식인들에겐 큰 충격이었다. 그리

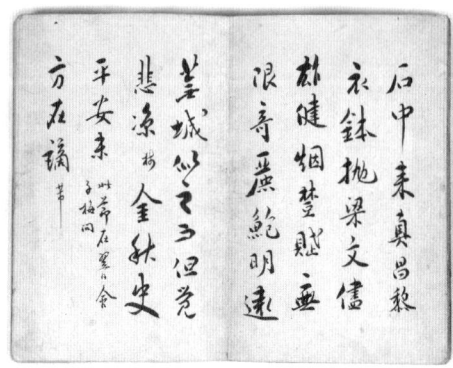

「소불유묵」, 수경실 소장 | 이희팔이 연행했을 때 청나라 문인들과 나눈 필담을 필사한 것이다.

고 그 충격은 양국 지식인들의 의식에 변화를 가져왔다. 그들은 명나라의 멸망을 도덕성의 쇠퇴와 사상적 혼돈의 결과로 해석했고, 이 모든 것이 공허하고 피상적인 도학道學, 유교 도덕에 관한 학문의 공리공론에서 비롯되었다고 보았다. 그에 따라 경학經學, 유교 경전을 연구하는 학문의 핵심적인 요소로서 실용적인 경세의식經世意識을 강조하게 되었다. 그들이 생각한 경세의식이란 정치적인 현안 이상의 여러 분야에 걸친 다양하고 전문적인 지식과 관련되어 있었다. 실용적인 경세의식은 새로운 지식의 필요성을 자극하였다. 그 결과 고증적인 방법론이 지식인들 사이에 공유되면서 실증적인 연구와 학술에 대한 관심이 증폭되었다.[2]

이런 생각은 당시 조선의 지식인들에게서도 그대로 나타났다. 그 대표적 인물이 이른바 '조선 실학의 비조鼻祖'로 일컬어지는 반계磻溪 유형원柳馨遠, 1622~1673이다. 그의 경세의식은 명말 청초 중국 지식인들의 의식의 흐름과 그 궤를 같이하고 있다. 그러나 명나라의 멸망을 바라보는 그의 시각은 중국 지식인들의 그것과는 달랐다. 조선은 임진왜란이라는 국난을 명나라의 도움으로 헤쳐나감으로써 명나라에 대한 의리를 지킬 필요가 있었고, 두 차례에 걸친 청나라의 침입, 즉 호란胡亂을 겪으면서 청나라에 대한 복수심에 불타 있었다. 이런 상황에서 명나라의 멸망은 호란의 치욕을 복수할 길이 멀어진 것을 의미했다. 반계에게 중요한 것은 호란으로 입은 자존심의 회복이었다. 그 때문에 반계의 경세의식은 청나라에 대한 적개심에서 출발한다. 이렇게 형성된 조선 지식인들의 경세의식은 17세기와 18세기를 관통하며 조선 후기 사회 전반에 걸쳐 흐르게 된다.

시간이 흐르면 한 사회가 공유하는 문제의식도 변하기 마련이다. 18세기 후반에 이르자 청나라에 대한 적개심이 조금씩 변화를 보이기 시작했다. 그 배경에는 중국 남방에 남아 있던 명나라 잔존 세력의 소멸과 청나라 정국의 신속한 안정이라는 현실이 자리하고 있었다. 더이상 명에 대한 미련이 남아 있을 여유도, 명분도 없게 된 것이었다. 반면에 연행을 통한 청나라와의 교류로 청나라 문물에 대한 인식이 고양되면서 청나라에 대한 적개심은 병세의식幷世意識을 통해 순화되어갔다. 조선은 청조 문물의 수용과 배척의 기로에 서 있을 수밖에 없었다. 그리고 정조正祖의 등극은 새로운 조선의 탄생을 알리는 신호탄이었다. 정조는 치밀한 준비를 거쳐 청조 문물을 제한적으로 수용하기 시작했다. 정조는 청나라 문물의 장점만을 주체적으로 수용하기 위해 무척 노력하였다. 그 결과 젊은 지식인들 사이에서는 청조 문물을 수용하여 조선의 현실에 적용해야 한다는 북학北學이 하나의 흐름을 형성하였다. 그 이유는 무엇이었을까? 유득공의 말을 들어보자.

우리 조선의 여러 어른들은 귀 기울여 들은 적도 없다가 여러 세대가 지난 후 그들(중국의 문인)의 문집이 출판되어 우리나라에 건너온 다음에야 어느 시대에 어떤 사람이 있었다는 것을 안다. 이것은 큰 도시에서는 과일이 익어가는데 시골 촌구석에 앉아서 기다리다가 때가 늦어버린 것과 같은 것이다. 내가 뜻이 맞는 몇몇 사람들과 이런저런 얘기를 하다가 여기에 이르러 크게 탄식하였다. 그러다가 진유숭陳維崧, 1625~1682의 『협연집篋衍集』과 심덕잠沈德潛, 1673~1769의 『국조시별재國朝詩別裁』를 읽고서 중국 문화의 융성함을 더욱 깨닫게 되었다. 그러나 나보다 먼저 살지도 않았고 내 뒤에 태어난 사람도 아닌 나와 같은 시대에 사는 사람이 누구인지는 알지 못했다.[3]

조선의 지식인들은 언제나 책을 통해 중국의 지식인들을 만나왔다. 그 마저도 그들이 죽고 한참 지난 후에 조선으로 수입되는 책을 통해서였다. 유득공은 옛것만 믿고 지금의 것을 믿지 않는 당시 조선 지식인들을 비판했던 것이다. 이것은 명나라의 문화만을 최고로 여기고 청나라의 문화를 천시하는 당시 세태에 대한 비판이었다. 하지만 이제 조선의 지식인들은 책 속의 죽은 사람들이 아니라, 살아 있는 인물들을 만나고 싶어했다. 저자가 죽은 뒤 책을 통해서 만나는 것이 아니라, 살아 있는 저자를 만나고 싶었던 것이다. 이것이 바로 병세의식이다. 나와 같은 시대를 살고 있는 사람들의 삶으로 관심이 확대된 것이다. 이런 과정을 거치면서 상당수의 지식인들은 이미 '북학'에 동조했고, 청나라 지식인들의 생활방식을 따라 하기도 했다. 청나라 지식인들이 읽는 책을 읽었고 그들이 사용하는 글씨체를 따라 썼으며 그들이 사용하는 문방구를 사용하였다. 이제 북학은 선택이 아니라 시대의 풍조가 되어 조선 지식인들의 생활양상까지 바꾸기에 이른 것이다. 유득공 또한 연행을 통해 청나라 명사들과 직접 교유함으로써 양국의 문사들에게 커다란 영향을 주었다.

내가 숙소에 있을 때 두 사람완원阮元과 유환지劉鐶之이 함께 수레를 타고 왔다. 뜰을 배회하다가 맞아주는 사람이 없자 실망하여 돌아가려 하였다. 내가 캉(炕)에 오르기를 청하여 함께 이야기를 해보니 모두 명사名士들이었다. 내게 말했다. "지난해 서길사庶吉士로서 벽을 사이에 두고 지내면서 사신들과 서로 알게 되었는데 지난해 왔던 사람은 어찌 한 사람도 오지 않았습니까?" 나는 "꼭 다시 오는 것은 아닙니다"라고 말했다. 완원의 저술 중에는 『거제고車制考』가 있는데 기윤紀昀은 그 고증의 정밀함을 극찬하였다. 내가 기윤의 말을 들어 이야기했더니 완원이 얼굴에 기쁜 기색을 보이며 내 시집詩集을 보자고 했다. 나는 한림翰林 웅

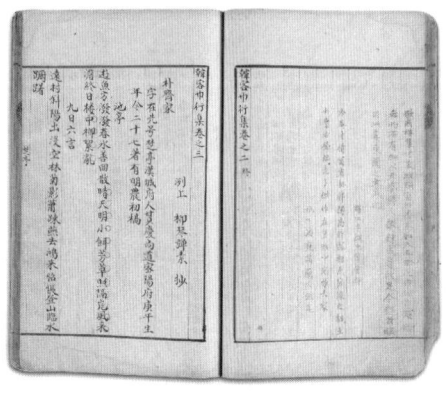

『한객건연집』, 수경실 소장 | 조선과 청나라 문인 교유의 모델이 된 책이다.

방수熊方受에게 한 부가 있고, 안타깝게도 지금은 가진 게 없다고 말했다. 완원은 "그곳에 가서 찾아보겠습니다"라고 말했다.[4]

1790년 연행했던 영재泠齋 유득공柳得恭, 1748~1807이 완원1764~1849과 유환지?~1821를 만난 장면을 묘사한 것이다. 이때 완원은 스물일곱 살의 젊은이였다. 『한객건연집韓客巾衍集』을 통해 청나라 문사들에게 이름이 알려졌던 유득공이 장차 청나라를 대표하는 학자로 성장하여 추사 김정희의 스승이 될 완원과 만나 그의 학문적 깊이를 칭찬하며 격려하고 있는 모습이다. 그뿐만이 아니다. 함께 찾아온 유환지는 청나라를 대표하는 서예가이자 학자인 유용劉墉, 1720~1804의 조카이자, 추사 김정희를 비롯한 조선 문사들과의 교유를 통해 『해동금석원海東金石苑』을 편찬했던 유희해劉喜海, 1793~1853의 부친이다. 훗날 추사 김정희의 등장을 생각해볼 때 이들의 만남은 가슴 벅차오르는 느낌마저 들게 한다. 이러한 병세의식은 19세기를 지배하게 된다.

정조 사후, 북학의 유행은 가속화되었고 연행은 지식인의 필수 코스가 되었다. 19세기를 연행의 시대로 만든 것이다. 그리고 연행과 북학은 19세기를 특징짓는 가장 중요한 단어가 되었다. 연행을 통한 북학은 시대의 흐름이자 지식인의 척도가 되었고, 이는 사회 전면에 가장 큰 이슈로 부각되었다. 그에 따라 당연히 중국어에 능통한 역관譯官, 통역 관리들이 필요해졌다. 당시 조선에서는 역관들의 위상이 그리 높지 않았다. 정조가 등극할 당시만 해도 중국어를 제대로 구사할 줄 아는 역관은 손에 꼽을 정도였다. 박제가는 『북학의北學議』에서 제대로 된 중국어 역관이 10명도 채 되지 않는다며 신랄히 비판하였다. 당시 조선의 외교력이 어느 정도였는지 짐작

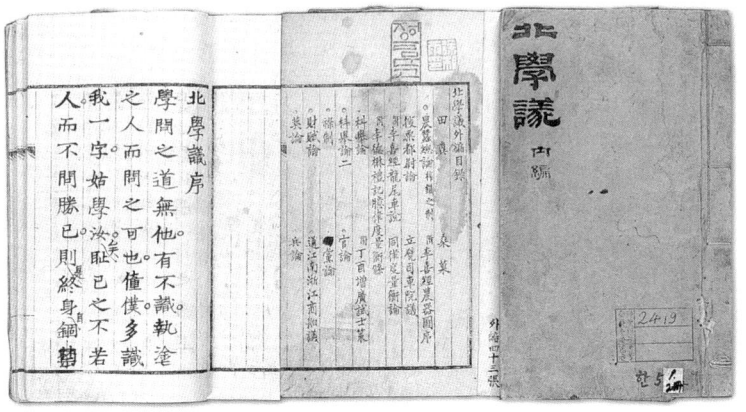

「**북학의**」 | 청나라 문물을 배워야 한다는 박제가의 주장을 담은 책이다.

할 수 있는 대목이다.

이처럼 '연행을 통한 북학의 수용'은 19세기를 특징짓는 가장 명확한 표현이다. 그리고 추사 김정희1786~1856는 연행과 북학의 시대, 19세기를 상징하는 인물이다. 그는 청나라의 학술과 문화에 대한 철저한 이해를 바탕으로 시, 서, 화에서부터 감상鑑賞, 골동품과 서화 등의 감상, 금석학, 경학, 고증학에 이르기까지 전혀 새로운 차원에서 자신만의 경지를 구축함으로써 '19세기 조선 학예의 관문이자 북학의 종장'으로 군림했다. 그도 당연히 일찍부터 역관의 중요성을 인식하고 있었다. 그는 역관들과 교유하며 그들의 든든한 의지처가 되어주기도 했다. 한편, 역관들은 훗날 청조 문사들과의 교유에 있어 추사의 중요한 정보원이 되었고, 지식의 공급원이 되었다. 추사가 역관들을 어떻게 관리했는지를 알려주는 편지 한 통이 전하고 있다.

다름이 아니라 한학漢學, 중국어 역관 응시자 이한덕李漢德은 3대에 걸쳐 집안끼리 교유하며 지내는 사람입니다. 과거에 응시한 사람 중에 나이가 제일 많고 공부도 오랫동안 해왔으므로 과거시험장에서 손꼽을 만한 사람입니다. 한학 현상玄鏛은 수역首譯 현재명玄在明의 조카로 그 사람의 공부가 아주 뛰어납니다. 이런 사람들은 부탁하지 않아도 공론이 있을 듯하지만 별도로 신경을 써서 낙방하지 않도록 해주시면 좋겠습니다. 두 사람은 평소 저와 절친할 뿐만 아니라 공거公擧, 추천를 받은 사람들입니다. 공무로

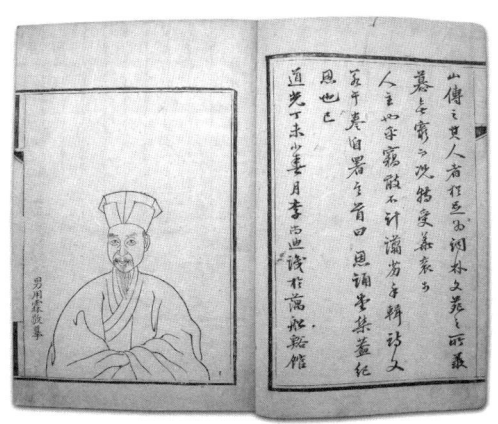

「은송당집」 | 이상적의 시집으로 앞쪽에는 이상적의 초상화가 실려 있다.

바쁘시겠지만 신경 좀 써주십시오.[5]

한마디로 청탁 편지이다. 그것도 두 사람씩이나 과거에 합격시켜달라는 부탁을 하고 있다. 이 편지가 언제 작성된 것인지는 나타나 있지 않지만 현상1809~?은 1837년에 시행된 역과譯科에 3등으로, 이한덕1808~?은 꼴찌로 합격하였다. 이렇게 추사와 관계를 맺은 역관들은 이후 추사 김정희가 청대의 학문과 예술을 수용하는 데 결정적인 역할을 담당하게 된다.

처음부터 역관들이 외교관으로서 중추적인 역할을 담당한 것은 아니었다. 사신들의 보조 역할에 머무를 수밖에 없었다. 조선 사회에서 그들이 처한 사회적 지위가 높지 않은 탓이기는 했지만, 그들 스스로가 지닌 역량

역관, 이상적, 운명을 만나다

19

의 한계 때문이기도 했다. 그렇지만 시간이 흐르면서 역관들 중에서도 문학이나 학문에 뛰어난 인물들이 등장하기 시작했다. 단순한 통역자의 지위를 넘어 외교관의 역할을 담당할 수 있는 역량을 가지게 된 셈이었다. 이들은 어학 실력만이 아니라 시문에도 뛰어났기 때문에 청나라 문사들과 직접적인 교유를 하기 시작했고, 또 그들로부터 인정을 받기에 이르렀다. 그 대표적인 인물이 우선 이상적이다.

이상적1803~1865은 자가 혜길惠吉, 호는 우선藕船이다. 본관은 우봉牛峯이며 대대로 역관譯官을 지낸 집안에서 태어났다. 어려서부터 역관에 뜻을 두었고, 스물세 살이 되던 1825년에 한학漢學, 중국어으로 역과에 합격하였다. 그후 1829년을 시작으로 12차례나 청나라 연경을 왕래했다. 이런 과정을 거치면서 명실상부한 조선의 대표적인 역관이 되었다. 특히 그는 문학적 재능이 뛰어나 이전의 역관들과는 달리 연경의 문인들로부터 인정받는 시인이기도 했다. 훗날 헌종憲宗은 이상적의 시를 즐겨 읊었는데, 이상적은 이를 자랑스럽게 여겨 자신의 문집명을『은송당집恩誦堂集』이라 하였다. 임금이 자신의 시를 읊어준 것을 자랑스럽게 여긴다는 의미로 지은 제목이었다.

이런 이상적의 뒤에는 추사라는 든든한 울타리가 있었다. 추사는 1809년 연행을 한 이후 청나라의 문인들과 교유를 계속하고 있었다. 비록 단한 차례의 연행에 불과했지만 연경의 문인들은 추사를 잊지 않았다. 해마다 이어지는 사행使行을 통해 추사 역시 그들과 끊임없이 소식을 주고받았

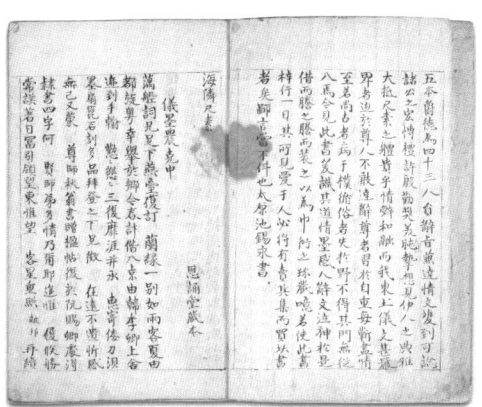

『해린척소』, 수경실 소장 | 청나라 문인들이 이상적에게 보낸 편짓글을 모은 책이다. 지석영의 서문이 있는 필사본이다.

고, 중국 학계의 움직임을 손금 보듯 훤히 꿰뚫고 있었다. 그리고 그 중심에는 역관들이 있었다. 이상적은 연행을 시작하면서부터 두각을 나타내기 시작했다. 그는 역관으로서 독보적인 존재였다. 이후 이상적이 연경에 만들어놓은 인적 네트워크는 어느 누구도 넘볼 수 없을 정도로 막강했다. 수십 년 동안 중국의 문사들이 그에게 보낸 편지를 모은 『해린척소海隣尺素』는 그런 그의 위상을 우리에게 전해준다. 그의 문집이 조선이 아니라 중국에서 간행된 점 역시 이런 맥락에서 이해할 수 있는 대목이다.

추사를 천재라고들 하지만, 사실 그는 천재가 아니었다. 그런 그가 19세기 최고의 학자로 우뚝 서게 된 배경에는 강력한 정보력이 있었다. 그는 그 정보력을 바탕으로 누구도 따라갈 수 없을 정도의 노력을 기울였던 것이다. 이것을 두고 천재라고 한다면 할 말이 없지만, 적어도 그는 부모님 말씀만 잘 듣던 머리 좋은 서생은 아니었다는 말이다. 추사는 젊은 시절 생부 김노경金魯敬으로부터 꾸중을 듣기 일쑤였다. 공부를 제대로 하지 않았기 때문이다. 1804년, 추사가 열아홉 살 되던 해에 아버지 김노경이 추사에게 보낸 편지를 보자.

요즘엔 과거 공부에 전심하고 있느냐? 『노자』를 읽고 있다더구나. 『도덕경』 오천 마디에는 지극한 이치가 담겨 있다고 해도 육경六經의 문장에 비하면 수준이 크게 떨어진다. 이제 막 학문에 뜻을 둔 선비가 비록 성인의 책을 충분히 공부했다고 해도 본원本源의 바탕이 되는 근본이 튼실하지 못하면, 많이만 읽으려 하고 마음을 다잡지 못할 우려가 있는 법이다. 하물며 네 병통의 근본이 오로지 경박하게 시문이나 꾸미는 습속과 기이하고 새로운 것만 좋아하는 폐단에 있는데 어떻겠느냐? 다른 경전은 제쳐놓고 갑자기 이 책을 읽는다는 것은 오직 이 병통 때문에 그런 것이다. 옛사람 중에서 자신이 고명高明하다고 생각했던 사람은 문장과 재기才氣가 화려하게 빛이 나서 볼 만하지 않은 사람이 없었다. 만일 유가儒家의 일을 가지고 다른 데로 달아나려는 마음을 다잡지 않으면 본심本心을 잃은 사람이 된다. 천백 년 후라도 안목 있는 사람들의 눈을 피할 수는 없다. 요즘 사람들의 학문 역량은 그분들에게 조금도 미치지 못하면서 곧장 옆으로 달리고 멀리 달려가려고 한다. 이런 사람이 가슴속에 욕심을 가득 채워넣고서 망령되게도 신선이 되려 한 진한秦漢시대의 임금과 무엇이 다르겠느냐?[6]

추사는 과거 공부에 별 흥미를 느끼지 못하고 있었다. 대신 글씨와 그림은 물론이고 다양한 분야의 학문에 관심을 가지고 있었다. 그의 관심은 온통 청나라에서 유행하고 있던 최신 학문에 쏠려 있었다. 김노경은 그런 아들이 불만이었다. 과거 공부는 뒤로한 채 불필요한 책만 읽는다고 생각했기 때문이다. 도대체 노자의 『도덕경』이 과거 시험과 무슨 상관이란 말인가. 수험생이 시험 과목도 아닌 책만 읽고 있었으니 화를 낼 만도 했다. 추사는 이처럼 청대의 학술과 문화를 습득하고 익히는 데 전력을 기울이며 십대를 보냈다. 그 때문에 그는 스물네 살이라는 비교적 늦은 나이에 생원시生員試에 합격하였다. 그리고 시험에 합격하기가 무섭게 아버지 김노경을 따라 연행을 떠났다. 연행은 그가 꿈꾸던 일이었다. 특히 옹방강翁方綱을 만난다는 희망에 부풀어 있었다. 추사는 연행을 하기 훨씬 오래전부터 옹방강에 대해 아주 잘 알고 있었다. 옹방강을 흠모한 나머지 그의 글씨를 모아 한방 가득히 쌓아놓고 당호를 '보담재寶覃齋'라고 하였다. 뿐만이 아니었다. 한 번도 만난 적이 없는 옹방강을 꿈에서 만나기까지 했다. 10년이 넘는 기간 동안 추사는 옹방강을 만나기 위해 철저한 준비를 했던 것이다.

연경에 도착한 추사는 조강曹江, 서송徐松, 주학년朱鶴年, 이임송李林松 등과 어울렸고, 완원阮元을 찾아가 가르침을 받기도 했다. 하지만, 귀국할 날이 얼마 남지 않았는데 그토록 만나고 싶던 옹방강은 만날 길이 없었다. 일흔여덟의 노인인 옹방강은 낯선 손님을 잘 만나주지 않았다. 추사는 그

옹방강이 쓴 〈유당酉堂〉 편액, 소장처 미상 | 추사가 연경에 갔을 때 옹방강이 써준 김노경의 호이다.

런 옹방강을 만나기 위해 갖은 노력을 다했다. 결국은 부친인 김노경까지 동원하여 옹방강을 만날 계획을 세웠다. 그러고는 마침내 귀국을 며칠 앞둔 1월 말경에 추사는 부친과 함께 옹방강의 서재인 소재蘇齋를 찾아가게 된다. 소재를 찾아간 추사는 소동파의 초상화를 배알하고 그곳에 소장되어 있던 여러 가지 귀한 보물들을 맘껏 구경하였다. 또한 옹방강으로부터 직접 경학에 관한 여러 가지 가르침을 받았다. 참으로 역사적인 순간이었다. 그날 추사가 맛본 감동은 손성연孫星衍의 한 제자와 나눈 필담에 고스란히 남아 있다.

"젊은 분의 이름과 호, 그리고 관직이 어떻게 됩니까?"

"제 이름은 정희, 자는 추사, 호는 보담재입니다. 지난 10월에 진사進士가 되었습니다."

"선생은 옹담계翁覃溪, 담계는 옹방강의 호를 아십니까?"

"저는 이번 여행에서 담계를 뵙고 소재에 올라가 소동파의 초상을 알현하고 돌아왔습니다. 저는 이 어른과 좋은 인연이 많이 있습니다. 10년 전 꿈에서 이 어른을 뵙고, 이번 여행에서 만나 뵈었는데 과연 꿈속의 그분이었습니다. 게다가 이 어른의 글씨를 많이 소장하고 있습니다. 그래서 제 서재에 '보담재寶覃齋'란 편액을 걸었습니다. 마치 이 어른이 보소재寶蘇齋라 한 것과 같습니다."

"아주 특이한 일이군요. 문인들이 이른 나이에 출중한 데에는 그 내력이 있는가봅니다."

"저는 독서를 아주 좋아하는데, 경설經說, 유교경전의 해석에 관한 학설에 더욱 고심하고 있습니다. 이번 여행에서 완운대阮雲臺, 완원 선생과 옹담계 선생을 만나 뵈어 어리석음을 깨우치고 어둠이 걷히게 되었습니다. 그러나 돌아갈 일정이 촉박하여 그 깊은 곳을 모두 알 수 없으니 참으로 안타깝습니다."[7]

꿈같은 시간들이 흐르고 추사는 아쉬운 발길을 돌릴 수밖에 없었다. 귀국길에 올라야 했기 때문이었다. 짧았지만 연경에서의 2개월은 그의 일생의 방향을 바꾸어놓았고, 귀국한 뒤로는 다시 과거 시험과는 거리를 둔 생활을 하게 된다. 그 대신 연행에서 만난 옹방강에게 편지를 통해 지도를 받으면서 꾸준히 청대 학예學藝의 정수를 흡수하기 시작했다. 이제는 혼자서 하는 공부가 아니라, 해외의 석학을 통해 학문의 방향을 잡아나갈 수 있게 되었던 것이다. 그는 이 10년 동안 참으로 엄청난 양의 공부를 했다.

그리고 그 덕분에 그의 학문의 틀 또한 이 시기에 완성될 수 있었다.

그러던 어느 날 그에게 편지 한 통이 날아들었다. 옹방강의 부음計音이었다. 1818년 3월 하순의 일이었다. 옹방강의 제자 섭지선葉志詵이 보낸 편지에는 옹방강의 마지막 모습이 고스란히 남아 있었다.

급히 알려드립니다.

우리 담계 선생님께서 이달 26일 밤에 돌아가셨습니다. 애통하고 애통합니다. 선생님은 이달 15, 16일에 가래와 천식으로 고생하셨는데 곧 나으셨고, 18, 19일에는 『금강경金剛經』 전부全部를 필사하셨습니다. 23, 24일에는 식사도 잘하셨고, 25일에는 정신이 평상으로 돌아왔습니다. 26일 오후

「옹담계수찰첩」, 수경실 소장 | 옹방강은 추사에게 편지를 보내 경학을 지도하였다. 후지츠카가 영인한 것이다.

에 갑자기 눕고 싶어하셨습니다. 한밤중까지 주무시다가 집안사람들을 부르시더니 일어나 앉으셨습니다. 잠깐 앉아 계시더니 문득 목구멍에서 가래 끓는 소리가 들렸습니다. 집안사람들이 부르며 소리쳤지만 이미 눈을 감고 돌아가셨습니다. 애통하고 애통합니다. 혼자 남은 어린 손자는 사방을 둘러봐도 아는 사람이 없습니다. 저는 한두 명의 제자들과 함께 직접 보고 반함飯含, 망자의 입에 구슬이나 쌀을 물림과 염殮을 하고 입관을 하였으니 한이 없다 할 수 있습니다. 지금은 장지葬地를 살피고 있습니다. 어린아이를 돌보는 게 쉽지는 않지만, 이 중책을 저버릴 수 없습니다.

　사신의 편지가 정극홍鄭克弘을 통해 왔습니다. 그대와 교유가 있는지를 물었는데 편지가 있다는 말은 없었습니다. 19일 아침에야 보내신 편지가 제게 왔습니다. (바깥 봉투는 이미 없어졌지만, 다행히 내용물은 그대로였습니다.) 저는 즉시 하인에게 정극홍을 데리고 가서 그대가 보낸 편지를 직접 소재蘇齋에 전달하도록 했습니다. 17, 18일에 선생님께서는 그대의 편지를 학수고대하고 계셨습니다. 제게 편지를 보내 묻기도 하셨습니다. (이 편지에는 신위와 조인영에 관련된 언급이 있어 지금 조인영에게 가면 찾아볼 수 있습니다.) 그러다 도착한 편지를 보시더니 아주 기뻐하시며 저를 부르시고는 학문을 논한 글을 써서 그대에게 보낼 것이라는 말씀을 해주셨습니다. 28, 29일에 답장을 보낼 계획이었는데, 뜻하지 않게 이 희망은 이룰 수 없게 되었습니다. 애통하고 애통합니다. 저는 매일 장지를 궁리하느라 모든 게 바쁘기만 합니다. 이 뒤로는 인달引達, 옹방강의 손자이가 잘 있

다는 소식을 해마다 알려드려 그대의 걱정을 풀어드리겠습니다.[8]

옹방강의 죽음이 언제 추사에게 알려졌는지에 대한 기록은 추사의 문집에 남아 있지 않다. 이 때문에 후지츠카 지카시藤塚鄰, 1879~1948 역시 자하紫霞 신위申緯, 1769~1847의 애도시를 근거로 옹방강의 사망 사실을 이야기하고 있을 뿐이다. 그런데 사실 섭지선이 추사에게 보낸 부고의 원본이 전하고 있음은 물론이고, 별도의 필사본도 전한다. 이 편지를 보면, 섭지선이 제일 먼저 옹방강의 부고를 추사에게 전했다는 사실을 알 수 있다. 더구나 사망 일자가 27일이 아닌 26일 밤이었다는 사실도 확인된다. 마침 조선의 사신들이 연경에 도착할 때라 옹방강 역시 추사의 편지를 무척이나 기다리고 있었던 것이다. 하지만 추사의 편지는 도착하지 않은 듯했다. 추사의 소식이 너무도 궁금했던 옹방강은 1월 17, 18일 사이에 제자인 섭지선에게 편지를 보내 추사의 편지가 왔는지 물어보기까지 했다. 그가 얼마나 추사의 편지를 기다리고 있었는지 알 수 있게 해준다.

옹방강은 섭지선에게 보낸 편지에서, 이번에 추사의 편지가 오지 않으면 섭지선이 추사에게 편지를 써서 자신이 빌려준 『소재필기蘇齋筆記』를 잊지 말고 돌려보내게 해달라는 부탁까지 하였다. 그러던 19일 아침, 우여곡절 끝에 추사의 편지를 받게 된 섭지선은 편지를 가지고 온 정극홍에게 자신의 하인과 함께 옹방강의 집으로 가서 직접 추사의 편지를 전달하도록 했다. 추사의 편지를 받은 옹방강은 너무도 기뻐했다. 따지고 보면 일

주일 후에 세상을 떠날 사람이었는데, 조선에서 어린 제자가 보낸 편지를 받고는 그토록 기뻐했던 것이다. 옹방강은 추사의 편지를 받고서 힘을 얻었고, 28, 29일경에 추사에게 학문을 논한 글을 써서 보낼 작정을 했지만, 애제자 추사를 위한 마지막 소원을 이루지 못하고 26일 밤에 세상을 하직하고 말았던 것이다.

추사는 섭지선이 보낸 편지를 3월 말경에 받았을 것이다. 해마다 동짓달이면 조선에서 중국으로 보냈던 사신인 동지사冬至使 일행의 귀국 편에 편지를 받았을 것이기 때문이다. 옹방강의 부고를 받은 추사의 심정이 어땠을지는 새삼 이야기할 필요도 없으리라. 이후 추사는 다시 과거를 준비하게 된다. 그리고 다음 해 마침내 대과大科에 합격한다. 1819년 4월의 일이었다. 훗날 추사의 목숨을 구하게 되는 조인영趙寅永, 1782~1850도 이때 함께 합격하였다. 그가 이렇게 과거 시험을 미뤘던 것은 옹방강이 살아 있는 동안, 그의 지도를 받고 싶었기 때문이었다. 추사에게는 젊은 시절 특별한 스승이 없었다. 박제가와 같은 가정교사를 통해 약간의 글을 배웠고, 집안 어른인

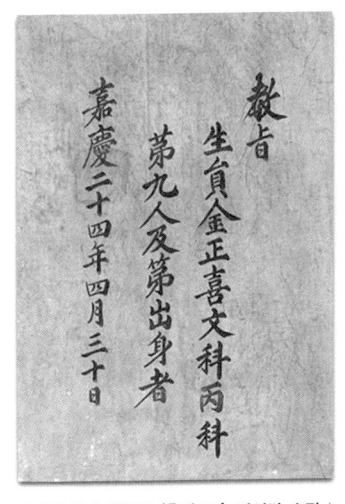

김정희 문과 합격증 '홍패紅牌', 장서각 소장 | 1819년 추사의 문과 합격증서이다.

김노겸金魯謙에게 경학을 지도받았을 뿐이었다. 그에겐 전통적인 개념의 사승師承이란 게 없었다. 따라서 옹방강이야말로 그의 진정한 스승이라 할 수 있었다. 완원 역시 그에게 적잖은 영향을 주었지만 연경을 떠난 뒤로는 직접적인 지도를 받지는 못했다. 그의 저술을 통해 영향을 받았을 뿐이었다. 완원이 편찬한 『황청경해皇淸經解』를 받은 것도 옹방강이 죽은 지 10년이 지난 뒤의 일이었다.

추사가 관직에 나간 지 10년이 지난 1829년 10월 27일, 이상적은 처음으로 연행길에 올랐다. 역관으로서의 그의 자질이 시험대에 오르게 된 것이었다. 정사正使, 사행의 총책임자는 유상조柳相祚, 부사副使, 정사 바로 밑의 사신는 홍희근洪羲瑾, 서장관書狀官, 사신 가운데 기록을 맡은 관리은 조병구趙秉龜였다. 19세기 최고의 여항시인 조수삼도 동행했다. 조수삼은 예순여덟 살의 고령임에도 여섯번째 연행에 나섰다. 이상적은 첫번째 연행에서 당대최고의 문사인 오숭량吳嵩梁, 유희해劉喜海 등을 만나는 성과를 거두고 돌아왔다. 물론 조수삼의 동행이 큰 도움이 되었겠지만, 추사의 중개가 있었을 것이다. 추사는 이미 연경에서 명사가 되어 있었기 때문이었다. 12차례에 걸친 이상적의 연행은 이렇게 그 첫발을 내딛게 되었다.

추사와 우선이 언제 처음 만났는지는 확인할 길이 없다. 다만, 역관을 중시했던 추사로서는 일찍부터 우선과 알고 지냈을 것으로 생각된다. 이상적의 문집에는 1830년 입춘 다음날, 용산龍山으로 추사를 찾아갈 때의 심사를 읊은 시가 한 수 남아 있다. 이상적이 첫번째 연행에서 돌아온 것은 1830년 3월 24일이었다. 그리고 그해 겨울, 입춘이 하루 지난 12월 23일, 우선은 용산에 머물고 있던 추사를 찾아나섰다. 추사와 우선의 만남을 보여주는 최초의 기록이다. 당시 추사의 부친 김노경은 옥사로 인해 고금도로 유배된 뒤였다. 이상적은 그런 추사의 마음을 위로하기 위해 방문했을 것이다. 이상적은 이른 아침 한강변을 걸어가면서 그때의 감회를 시로 노래하였다.

아침 햇살 흐릿한 성곽 너머로	古郭朝日微
눈서리 뒤엉킨 드넓은 들판	曠野霜雪合
지독한 추위는 풀리지 않고	窮陰慘不舒
남은 겨울을 옥죄고 있다.	是時逼殘臘
모래 길 찾으면서 걸어가는데	行尋沙術去
얼음은 돌멩이와 뒤섞여 있고	亂石氷錯雜
빈 강의 찬 기운은 눈을 찌르며	空江冷射眸
드넓은 유리 빙판 덮어버린다.	萬頃玻璃罨
주막 깃발 나부끼는 깊은 마을엔	酒斾表深村
고깃배 얼어붙어 멀리 갈 수 없지만	漁舠膠遠涉
파교로 매화를 찾아나서면	灞橋訪梅花
시인을 만날 수도 있을 듯하다.	詩人如可接
그 옛날 왕휘지王徽之는 친구 찾아나섰다	寥寥王子猷

부질없이 섬계에서 배를 돌려 왔었지.　　　　　　　　　　漫廻剡溪檝

저기 저 한겨울의 나뭇가지 위로는　　　　　　　　　　　睠彼歲寒枝

바람 속에 까치가 맴돌고 있다.[9]　　　　　　　　　　　　風鵲繞三匝

입춘이 지났지만 날씨는 여전히 한겨울이었다. 한강은 유리를 덮은 듯 얼음으로 뒤덮여 있고, 아침 햇살은 흐릿하게 성곽을 비추고 있었다. 주막 집엔 깃발이 펄럭이고 있었지만 고깃배는 얼어붙어 찾아오는 손님조차 없었다. 그렇게 날씨는 남은 겨울을 매섭게 몰아붙이고 있었다. 그런데 그 추운 아침에 이상적은 추사를 만나러 가고 있었다. 길을 걸으면서 이상적은 그 옛날 왕희지의 아들 왕휘지의 이야기를 떠올렸다.

어느 눈 내리는 밤이었다. 왕휘지는 갑자기 섬계剡溪에 살고 있던 친구 대안도戴安道가 보고 싶어졌다. 그는 배를 띄우고 밤새 노를 저어 그의 집으로 찾아갔다. 그러고는 새벽녘, 마침내 그의 집 앞에 도착했다. 하지만 왕휘지는 친구의 집으로 들어가지 않고 발길을 돌려 다시 자기 집으로 되돌아왔다. 아무런 말도 없이 말이다. 참으로 이상한 일이라 할 수 있다. 밤새 고생스럽게 노를 저어 친구의 집을 찾아갔으면, 얼굴이라도 보고 돌아와야 할 게 아닌가. 무엇 때문에 그렇게 힘들게 갔다가 아무 말도 없이 돌아왔단 말인가. 그런데 왕휘지의 생각은 달랐다. 자신이 집을 나선 것도 흥이 일어서 그랬던 것이고, 집으로 발길을 돌린 것도 흥이 다해서 그랬다는 것이다.

이를 보면 이상적이 추사와 만나기로 약속을 하고 찾아가는 게 아님을 알 수 있다. 그저 그는 시름에 잠겨 있을 추사를 위로하러 가는 길이었을 게다. 그러니 자신의 행동을 왕휘지의 행동에 빗대어본 것이리라. 생각이 여기에 이르자 이상적은 시선을 까치에게로 돌렸다. 나뭇잎 다 떨어진 가지 위로 바람이 불고 있는데, 까치 한 마리가 빙빙 맴돌고만 있었다. 어느 가지에 내려앉을지 결정을 내리지 못한 채 맴돌고만 있는 것이 아닌가. 이 시의 끝부분은 마치 추사와 자신의 앞에 닥칠 먼 훗날의 일을 예언이라도 하고 있는 듯하다. 내가 평생 이 사람을 모셔도 되는 것일까? 어쩌면 이날 우선 이상적의 운명은 결정되어버렸을지도 모른다. 그의 앞날엔 추사 김 정희와의 운명 같은 일생이 기다리고 있었다. 한겨울의 나뭇가지 위로 맴돌던 까치의 모습은 바로 이상적 자신의 모습이었다. 그 추운 날 부친을 유배지에 떠나보낸 추사의 심정은 얼마나 참담했을까? 그날 이상적은 슬픔에 잠겨 있던 추사를 찾아가 위로했던 것이다. 그리고 그로부터 10년이 지난 뒤, 이젠 자신이 유배객이 되어버린 서글픈 현실을 마주한 추사에게 이상적은 여전히 곁에서 그를 위로해주었던 것이다. 이를 보면 〈세한도〉는 그 탄생이 이미 예정되어 있었는지도 모를 일이다.

김정희의 별호 보담재

추사의 별호 중에는 보담재寶覃齋가 있다. 옹방강의 호가 담계覃溪였기 때문에 옹방강을 존경한다(寶)는 의미로 '보담재'라 한 것이다. 옹방강은 일찍이 송나라의 문인 소동파蘇東坡의 글씨와 문집은 물론 초상화까지 집 안에 모셔두고 소동파를 존경한다는 의미로 '보소재寶蘇齋'라는 당호를 걸었다. 추사는 이를 모방하여 자신은 옹방강을 존경한다는 의미로 '보담재'라는 당호를 걸었던 것이다.

옹방강을 흠모했던 추사는 그를 만나기 훨씬 전부터 이미 '보담재'라는 당호를 썼다. 그런데 후지츠카를 비롯하여 추사 연구자들은 모두 '보담재'가 연행을 마치고 귀국한 뒤에 지은 별호라고 생각해왔다. 하지만 이는 사실과 다르다. 추사의 필담을 통해서 보았듯이 그는 연행을 떠나기 훨씬 이전부터 옹방강을 꿈에서 만날 정도로 그리워하고 있었다. 그래서 추사는 옹방강의 글씨를 수집하여 집에 모셔두고 '보담재'란 편액을 걸었던 것이다. 이에 관한 방증이 여럿 남아 있다

먼저 옹방강의 『복초재시집復初齋詩集』 권63 「석화헌石畵軒」 6에 실려 있는 시를 들 수 있다. 권63에는 기사년1809 10월부터 경오년1810 12월까지의 시가 실려 있다. 여기에는 「조선김진사이보담명기재색제인부차겸시개정초석화지朝鮮金進士以寶覃名其齋索題因賦此兼示介亭椒石和之」라는 제목의 시가 있다. '조선 김진사가 그의 서재를 보담재라 하고 제영을 요청하자 이 시를 짓고 홍개정洪介亭과 사초석謝椒石에게 화운하도록 했다'는 의미이다. 이 시는 경오년1810에 지은 것이라는 표기가 있는데, 경오년은 추사가 귀국한 해이다. 물론 귀국한 뒤에 옹방강에게 편지를 보내 시를 지어달라고 요청했을 수도 있지

만 물리적으로 그럴 가능성은 거의 없어 보인다. 이 시 다음에 실려 있는 시가 「야운모파
공진상이증김진사제차즉이송별野雲摹坡公眞像以贈金進士題此卽以送別」이기 때문이다.
'야운野雲이 소동파의 초상을 모사하여 김진사에게 기증하자, 이 시를 지어서 송별하였
다'는 의미이다. 이는 앞의 시가 송별 전에 지어진 시라는 것을 의미한다. 만약 추사가 귀
국한 뒤 자신의 서재를 보담재라 하고 옹방강에게 편지를 보내 제영을 요청했다면, 이 시
는 그 다음 해의 시가 실려 있는 권64에 편입되었을 것이다. 따라서 이 두 시는 모두 추사
가 옹방강을 만난 후 연경을 떠나던 시기에 지어진 시들이 분명하고, 이를 통해 보면 추사
는 연행을 떠나기 훨씬 전에 '보담재'란 당호를 사용한 것도 명확하다.

또한, 홍개정洪介亭의 『소용재시초小容齋詩鈔』에는 「제소재속주야운회조자고연배동파
상, 기조선김추사진사題蘇齋屬朱野雲繪趙子固硯背東坡像, 寄朝鮮金秋史進士」라는 제목
의 시가 있다. '소재가 부탁하여 주야운이 그린 조자고송말宋末의 서화가 조맹견趙孟堅의
자字가 자고子固이다의 벼루 뒷면에 새겨져 있는 소동파 상에 시를 지어 조선의 진사 김
추사에게 보낸다'는 의미이다. 이 시에는 '위공수미입숙몽謂公鬚眉入夙夢, 공의 수염과
눈썹을 옛날 꿈속에서 보았다고 말하다'이라는 구절이 있는데 여기에는, '추사증몽도소
재, 수미엄약秋史曾夢到蘇齋, 鬚眉儼若, 추사가 일찍이 꿈에서 소재에 갔었는데 수염과 눈
썹이 똑같았다'이라는 주석이 달려 있다. 이는 추사가 필담에서 나눈 이야기와 같은 내용
으로 앞의 옹방강 시에 나타난 내용이 사실임을 증명하는 것이다. 따라서 '보담재'는 추
사가 옹방강을 만나기 전부터 사용했던 당호임이 확실하다.

추사와 옹방강의 만남

추사와 옹방강의 만남에 대해서는 명확한 기록이 없다. 추사의 문집이나 『연행록燕行錄』 등에서도 명확한 기록이 발견되지 않는다. 다만 후지츠카는 연경의 학자 이임송李林松이 추사에게 보낸 편지를 근거로 1월 29일에 추사와 옹방강이 만남을 가졌다고 기술하고 있다. 그런데도 후지츠카는 추사가 옹방강을 수시로 찾아가 가르침을 청한 것으로 보고 있다. 문제는 추사가 2월 초에 귀국한다는 사실이다. 따라서 자주 찾아가 가르침을 청할 만큼 시간적 여유가 없었던 것이다. 이는 이번에 발견된 필담을 통해서도 확인했지만 전혀 그렇지 않다. 먼저 피봉에 〈봉복김공자서奉復金公子書〉, 곧 '김공자에게 보낸 답장'이라 쓴 편지의 내용을 보자. 옹방강을 한번 만나보기 위해 애쓰던 추사에게, 이임송이 보낸 편지이다.

하인이 와서 편지를 받았습니다. 어찌 그리 간절한지요? 저는 오늘 일에 매여 만나러 가지 못했습니다. 참 그립습니다. 어제 옥하관玉河館에 돌아간 것은 늦지 않았지요? 담옹覃翁, 옹방강은 요즘 손님을 잘 만나지 않습니다. 29일에는 새벽에 가더라도 만난다는 보장이 없습니다. 형의 뜻은 당연히 성원星原, 옹방강의 아들 옹수곤翁樹崑에게 전했습니다. 그러나 제 생각은 이렇습니다. 사람이 살아가면서 서로 안다는 것은 서로의 마음을 아는 게 중요한 것이지, 거죽에 있는 게 아닌 듯합니다.

존대인尊大人, 상대방의 부친을 높여 이르는 말께서 반드시 한번 만나고자 한다면 옥수玉水, 조강曹江과 상의하십시오. 28일 미시未時와 신시申時 사이 법원사法源寺에서 한 번 만날 수 있을 것입니다. 그 절의 승려가 옥수의 친구입니다. 그러니 그와 꼭 상의하십시오. …… 29일 낮에 다시 만나도록 합시다.

이 편지를 보면 추사가 옹방강을 만나기 위해 무척 애쓰고 있다는 사실을 확인할 수 있다. 귀국 날짜가 다가오는데도 추사는 꿈에도 그리던 옹방강을 만나지 못했던 것이다. 그는 결국 이임송에게 도움을 청했고, 이임송은 편지에서 옹방강이 요즘 사람을 잘 만나지 않는다는 사실을 전해준다. 그런데 추사는 무작정 옹방강을 찾아서기로 했던 것이다. 장소는 법원사였다. 추사는 왜 옹방강을 만나러 법원사로 가려고 했던 것일까? 옹방강은 매년 새해 아침부터 하루에 한 장씩 금니金泥, 아교에 개어 만든 금박 가루로 불경을 써서 그믐이 되면 끝마쳤다. 그리고 그렇게 쓴 불경은 법원사에 시주를 했던 것이다. 추사는 이 사실을 잘 알고 있었고, 옹방강이 29일(그해 1월의 마지막 날)에 법원사에 나타날 것이란 생각에 새벽에 찾아가기로 했던 것이다. 이임송은 그렇게 해도 만난다는 보장이 없다며, 조옥수와 상의하라고 알려준 것이다. 조옥수의 친구가 법원사의 승려로 있었기 때문이다. 따라서 추사가 옹방강을 만난 것은 1월 28일일 가능성이 높다. 그리고 석묵서루石墨書樓를 찾은 것은 그날이나 그 다음날이었을 것이다. 이렇게 추사는 옹방강을 어렵게 한 번 만나고 귀국했던 것이다.

추사와 우선의 첫 만남

추사와 우선이 언제 처음 만났는지 알려진 게 없다. 기록으로도 확인되지 않는다. 가장 빠른 기록은 이상적이 쓴 시이다. 이 시가 실려 있는 『은송당집』은 연대순으로 편집되어 있는데, 1830년에 지은 이 시에는 이상적이 입춘이 하루 지난 뒤 용호龍湖로 추사를 방문했다고 기록되어 있다. 지금까지 연구자들은 이 시를 근거로 추사와 우선이 처음 만난 게 1830년 봄이라고 생각했다. 연행에서 돌아온 우선이 연행 결과를 보고하기 위해 추사를 방문한 것으로 이해한 것이다. 통상 입춘하면 봄을 생각했고 이상적이 1829년 10월 27일 첫 연행을 떠나 1830년 3월 24일에 귀국했기 때문에, 1830년 봄에 연행에서 돌아온 이상적이 추사를 찾아간 것으로 해석해왔던 것이다. 이것이 통설로 받아들여지고 있는 실정이다. 하지만 문제는 '입춘立春'에 있었다. 연행에서 돌아와 추사를 방문했다면 아무리 빨라도 4월이 다 된 때였을 텐데, 날씨가 그렇게 추웠을까? 입춘이 그렇게 늦게 들 수 있었을까? 이 고민을 풀어준 것은 필자의 부친이었다. 휴일에 시골의 부친을 뵈러 갔다가 이 고민을 말씀드렸더니 '『만세력萬歲曆』'을 확인하라고 하셨다. 순간 머리 속이 맑아졌다. 왜 진작 그 생각을 못했을까? 『만세력』을 확인해보니, 1830년의 입춘은 12월 22일이었다. 따라서 우선이 추사를 찾아간 것은 1830년 12월 23일이었던 것이다. 이상적이 추사를 방문한 것은 연행에서 돌아온 직후가 아니라, 그해 겨울이었던 것이다. 그해 10월 8일 추사의 부친 김노경이 유배되었기 때문에 이상적은 상심하고 있던 추사를 위로하기 위해 찾아갔을 것이다. 물론 추사와 우선이 이때 처음 만났다고 보기는 어렵다. 둘의 만남이 나타난 가장 빠른 기록이라는 의미이다. 이들의 첫 만남은 이보다는 훨씬 이전에 있었을 것이다.

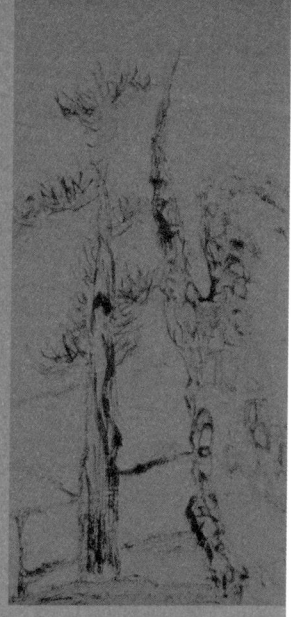

2

끝없는 고난,
유배객이 되다

결국 네 살 되던 해에 김정희는 월성위의 제사를 모신다는 명분하에 김노영에게 입적入籍되어 월성위 부부의 제사를 받들게 되었다. 이로써 추사는 명실상부한 조선 왕실의 일원이 되었다. 어린 시절, 추사는 남부러울 게 없었다. 앞길은 탄탄대로였고 거칠 게 없었다. 하지만 1800년 6월 28일, 정조正祖가 승하하면서 추사 집안은 정쟁의 회오리 속으로 조금씩 말려들기 시작했다.

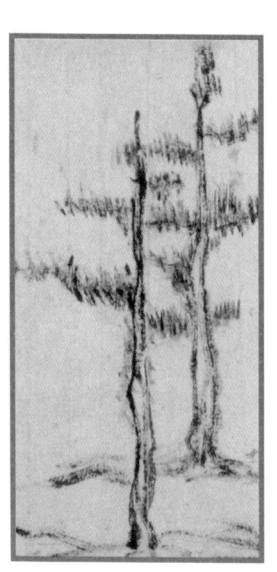

옹방강을 만나고 귀국한 뒤 추사는 연경의 친구들이 해마다 보내오는 선물 보따리를 풀어보는 재미에 꿈같은 나날을 보내고 있었다. 하지만 먹구름은 서서히 그의 집안으로 몰려오고 있었다. 재앙이 기다리고 있었던 것이다. 그리고 그 재앙이 추사 자신마저 머나먼 제주도로 쫓아버릴 줄은 꿈에도 생각지 못하고 있었다. 추사가 제주도로 유배되기까지 그의 집안에 불어닥친 광풍의 흔적을 더듬어보자.

김정희는 조선 왕실의 일원이었다. 여기에는 긴 사연이 있다. 영조 때 영의정을 지낸 김흥경金興慶, 1677~1750은 아들 넷을 두었다. 그중 막내아들 김한신金漢藎, 1720~1758은 열세 살의 나이에 영조의 둘째딸 화순옹주和順翁主와 결혼하여 월성위月城尉에 책봉되었다. 임금이 아끼던 딸과 결혼하여 사위가 되었으니 그 영광을 어찌 말로 다 표현할 수 있겠는가. 하지만 그는 아들을 낳지도 못하고 서른아홉 젊은 나이에 요절하고 만다. 화순옹주 또한 슬픔을 이기지 못해 2주일 동안이나 식음을 전폐해 생을 마감하고 말았다. 그러자 월성위의 큰형 김한정金漢楨, 1702~1764의 셋째 아들 김이주金頤柱, 1730~1797에게 그 뒤를 잇게 하고 월성위 부부의 제사를 받들게 했다. 김이주는 아들 넷을 두었는데 큰아들 김노영金魯永, 1747~1797 또한 아

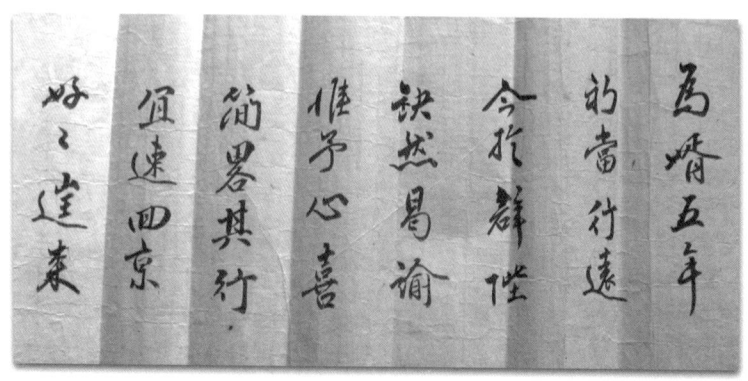

영조가 김한신에게 써준 글, 개인 소장 | 사위가 된 지 5년 만에 처음으로 먼 길을 떠나는 김한신에게 빨리 잘 다녀오라며 써준 글이다.

들을 얻지 못하자, 월성위 부부의 제사를 받드는 일이 집안의 중요 문제로 떠올랐다. 그런데 넷째 아들 김노경에게는 아들이 있었다. 그가 바로 김정희였다. 결국 네 살 되던 해에 김정희는 월성위의 제사를 모신다는 명분하에 김노영에게 입적入籍되어 월성위 부부의 제사를 받게 되었다. 이로써 추사는 명실상부한 조선 왕실의 일원이 되었다.

어린 시절, 추사는 남부러울 게 없었다. 앞길은 탄탄대로였고 거칠 게 없었다. 하지만 1800년 6월 28일, 정조가 승하하면서 추사 집안은 정쟁의 회오리 속으로 조금씩 말려들기 시작했다. 정조의 뒤를 이어 등극한 순조는 열한 살의 어린아이였다. 당시 왕실의 최고 어른은 영조의 계비繼妃, 임금의 새 아내 정순왕후貞純王后였다. 당연히 정순왕후의 수렴청정이 시작되었고, 외척인 경주 김씨 가문이 정치세력의 중심으로 부상하였다. 하지만 수렴청정은 3년 만에 끝이 났고 순조가 직접 나라를 다스리기 시작했다. 그러나 나이 어린 순조가 국정을 운영하기엔 힘이 부쳤다. 순조의 장인 김조순金祖淳을 비롯한 안동 김씨 세력을 중심으로 세도정치가 이어질 수밖에 없었다. 이렇게 외척들의 세도에 밀려 자신의 의지대로 정국을 운영하지 못하던 순조는 아들 효명세자孝明世子에게 정국 운영을 맡기게 된다. 국정의 새로운 돌파구가 필요했기 때문이었다. 1827년의 일이었다.

대리청정을 맡은 효명세자는 김조순 계열의 정승들을 밀어내고 자신의 사람들로 요직을 채우기 시작했다. 김로金鏴, 홍기섭洪起燮, 이인부李寅溥, 김노경 등이 그 중심이었다. 이제 추사 집안이 본격적으로 정치의 중심으로 이동하기 시작한 것이었다. 추사 역시 세자의 측근 인물이 되어 있었다. 그 한 예가 1829년, 효명세자가 편찬한 『문사저영文史咀英』의 간행이다. 이 책의 서문은 박종훈朴宗薰이 지었는데, 추사가 서문 글씨를 쓴 다음 목판에 새겨 간행하였다. 겨우 규장각 대교待教 검교檢校의 정7품 관원이 시강원侍講院 보덕輔德의 직을 겸임하면서 장차 임금에 오를 세자의 편저에 서문 글씨를 썼던 것이다. 더구나 해서체의 정중한 글씨가 아니라, 행서체의 분방한 글씨로 써내려간 걸 보면 당시 추사의 입지를 추측해볼 만한 사건이랄 수밖에 없다. 그러나 효명세자의 대리청정은 오래가지 못했다. 1830년 5월 6일, 효명세자가 갑작스런 죽음을 맞이했기 때문이다. 효명세자의 죽음은 정국을 회오리바람 속으로 몰아넣었다. 김조순을 비롯한 안동 김씨 세력은 국정을 운영하기 위해 다시 나선 순조를 앞세워 효명세자 대리청정기의 중심인물들을 축출하기 시작했다.

그들은 먼저 효명세자의 죽음을 정쟁으로 비화시켰다. 문제의 시작은 3년 동안 대리청정을 해오던 효명세자가 약원藥院의 진찰 후 약을 복용한지 10여 일 만에 세상을 뜬 것이었다. 이를 문제 삼으며 시작된 책임자 처벌 요구 상소는 7개월 동안이나 지속되었다. 김로와 이인부를 홍기섭과함께 엮어 이들의 비리를 만들어내고 축출을 시도하였다. 하지만 순조는순순히 물러서지 않았다. 아무런 죄도 없는 신하들을 처벌할 수 없었기 때문이다. 효명세자의 장례가 끝난 8월 말경에 다시 올라오기 시작한 상소에는 추사의 부친 김노경도 거명되어 있었다. 8월 27일 부사과副司果, 종6품의 무관직 벼슬 김우명金遇明이 추사의 부친 김노경을 공격하는 상소를 올렸던 것이다. 그러자 순조는 오히려 김우명을 관직에서 쫓아내버렸다. 상소내용이 터무니없다고 판단한 것이었다. 그러자 이번에는 부사과 윤상도尹尙度가 상소를 올렸다. 8월 28일의 일이었다. 이번에도 순조는 윤상도에게엄한 처벌을 내렸다. 하지만 소용이 없었다. 상소는 빗발쳤고, 지친 순조는 손을 들고 말았다. 홍기섭은 관직에서 쫓겨났고, 김로는 남해현으로 유배되었으며, 이인부는 고향으로 돌아갈 수밖에 없었다. 그리고 마지막으로 추사의 부친 김노경은 고금도에 위리안치圍籬安置되었다. 1830년 10월8일의 일이었다.

이렇게 추사 집안의 재앙은 시작되었지만, 이것은 서막에 불과했다. 이로부터 4년 동안 김노경은 고금도에서 유배 생활을 하게 된다. 어쩔 수 없

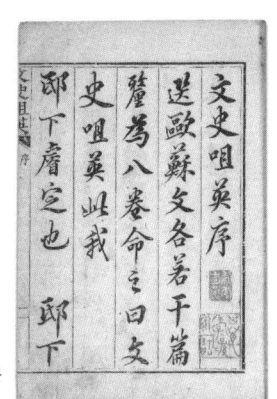

〈문사저영서〉, 수경실 소장 | 박종훈이 지은 글을 추사가 써서 목판에 새긴 것이다.

이 김노경을 유배 보낸 순조는 마음 한구석에 늘 미안한 마음을 가지고 있었다. 그러다가 1833년 9월 22일, 김노경을 풀어주라는 전교를 내린다. 영조의 탄생일을 맞아 영조의 사위인 김한신의 손자, 김노경을 풀어주기로 한 것이다. 소문뿐인 사건이었지만 신하들의 뜻을 존중하여 유배를 보냈다는 말과 함께, 자신은 그 사건의 진실에 대해 의심을 가지고 있다는 솔직한 속내를 털어놓았다. 아울러 먼 섬에서 4년간이나 지낸 김노경도 행실을 조심스럽게 하지 못한 죗값을 충분히 치렀다고 판단하여 그를 석방했던 것이다.

하지만 재앙의 불씨는 꺼지지 않고 그대로 남아 있었다. 효명세자가 죽은 지 10년이 지난 1840년, 순조는 이미 세상을 떴고 헌종이 왕위에 올라 있었다. 이번에는 순조의 왕비 순원왕후純元王后, 1789~1857가 수렴청정을 맡게 되었다. 순원왕후는 안동 김씨 김조순의 딸이었다. 안동 김씨 세력들

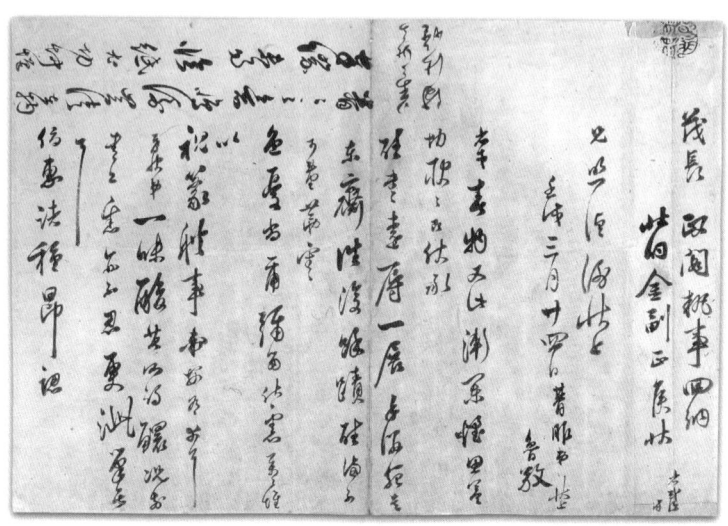

김노경 간찰, 현계정사 소장 | 1802년에 쓴 김노경의 친필 편지.

은 여전히 권력의 중심에 있었다. 그러나 순조는 죽기 전 조인영에게 헌종의 앞날을 부탁했기 때문에 어쩔 수 없이 안동 김씨는 조인영을 비롯한 풍양 조씨 가문과 공조체제를 유지할 수밖에 없었다. 이후 순원왕후의 수렴청정이 끝나고 헌종이 친정을 하게 되면서 안동 김씨 세력은 불안을 느끼기 시작했다. 자신들의 세력을 유지하기 위해 뭔가 새로운 돌파구가 필요했다. 다시 사건을 만들어냈다.

사건은 김홍근金弘根의 상소로 시작되었다. 1840년 7월 10일, 대사헌 김홍근은 윤상도와 김노경에 대한 국청을 열고 윤상도 상소사건을 재조사하여 처벌해야 한다고 상소를 올렸다. 그것은 옥사獄事를 일으켜 국정을 장악하려는 음모의 시작이었다. 김노경은 이미 3년 전에 사망하고 난 뒤였다. 사망한 지 3년이 지난 김노경의 죄를 다시 끄집어낼 이유가 무엇이겠는가? 이미 유배중인 윤상도 한 사람이 그들에게 무슨 의미가 있었겠는가? 그들에게 위협적인 존재는 오직 김노경의 아들 김정희뿐이었다. 김노경을 죄인으로 만들고 추사의 힘을 제어하기 위한 음모가 시작된 것이었다. 윤상도를 끌어들인 것은 김노경을 죄인으로 엮기 위한 방편이었다. 순조는 윤상도의 상소를 보고 "혼자만 조선의 신하가 아닌가?"라는 극한 불만을 토로하기까지 했었는데, 김홍근은 바로 순조의 이 말을 부각시켰던 것이다. 그런 극악한 윤상도를 다시 조사하면서 김노경까지 함께 죄인으로 만들고자 한 것이었다. 상황은 급박하게 돌아갔다.

1840년 7월 10일, 수렴청정을 하고 있던 순원왕후는 추자도에 유배중인 윤상도를 잡아다가 국문하도록 했다. 7월 12일에는 김노경의 관작官爵을 추탈하라는 하교를 내리고 8월 11일에는 효명세자를 무고했다는 죄로 윤상도를 능지처참에 처한다. 그런데 재조사 과정에서 윤상도에게 상소를 종용한 인물이 허성許晟이었으며, 허성을 사주한 사람이 김양순金陽淳이었다는 놀라운 사실이 밝혀졌다. 김양순은 권력을 쥐고 있던 안동 김씨 가문의 사람이었다. 사건은 새로운 국면에 접어들게 되었다. 그런데 김양순을 문초하는 과정에서 다시 뜻밖의 문제가 불거졌다. 김양순이 자신의 죄를 인정하기는커녕 추사를 물고 늘어진 것이다. 윤상도가 올린 상소문을 처음 작성한 사람이 김정희라고 주장한 것이다. 김양순은 터무니없는 이야기를 지어내 추사를 얽기 시작했다. 그 내막을 좀더 자세히 알아보기 위해 이전에 언급된 적이 없는 『추국일기推鞫日記』[10]의 기록을 토대로 심문 과정을 추적해보았다.

1840년 8월 19일. 김양순에 대한 국문이 시작되었다. 김양순이 자신의 죄를 인정하지 않자, 혹독한 고문과 매질이 이어졌다. 그런데 갑자기 김양순은 새로운 이야기를 꺼냈다. 그는 자신이 잡혀오기 전 자신에게 이야기를 전해준 사람이 있었다고 하면서, 그 사람이 윤상도가 올린 상소의 초고를 김정희가 작성하여 허성에게 전달했다는 이야기를 전해주었다고 한다. 이에 관한 김양순의 진술이다.

그래서 제가 "어찌 허성에게 직접 주지 않고 다른 사람을 사이에 끼워넣었는가?"라고 물었더니, 그 사람이 이렇게 말했습니다. "김정희가 충청도 암행어사로 갔을 때 허성의 파직을 논했기 때문에 직접 연결하지 못한 것이다. 그 사이에서 전달한 선비는 바로 김정희가 뒤를 봐준 자이다. 평동平洞과 장동壯洞에 살았으며 죽은 지 이미 오래되었다." 어떤 사람은 김정희가 그 선비를 시켜 상소문 초고를 남이익南履翼 종형제 사이에 보내주었고, 그것이 허성에게 전달되었다고 말했지만, 남이익 종형제는 모두 죽었기 때문에 그것이 진실인지 아닌지는 자세히 물어볼 수 없었습니다. 그 선비는 바로 김정희가 성균관 대사성大司成 시절에 승학陞學 초시初試에 합격했습니다. 그의 성은 이씨인데 고故 승지承旨 이익진李翼晉의 집안사람이지만,

이름은 기억이 나지 않습니다. 전후 여러 차례의 고문에도 말씀드리지 못한 것은 중간에 낀 사람들이 모두 죽었고, 저와 김정희는 10여 년 동안 연락하지 않고 지냈으며 직접 눈으로 본 일도 아니기 때문에 이 일을 말씀드리기가 어렵고 조심스러워 이제야 아뢰게 되었습니다. 그러나 상소문의 초본은 김정희가 실제로 작성한 것이라고 합니다. 또한 그때 허성이 저를 한번 만나러 와서 "남이익이 다른 사람의 죄를 논하는 상소를 올리라고 권하는데, 나는 친구에게 죄를 짓는 일이라 하지 않았다"고 했습니다. 과연 이 상소가 있었는지 알 수 없지만, 이 일로 추정해보면 상소하는 일을 서로 논의한 일은 있었던 것 같습니다.

김양순의 갑작스런 진술에 심문장은 술렁거렸다. 문초가 계속되었다. 그렇다면 왜 지금까지는 아무 말 않고 가만히 있다가 이제야 김정희를 끌어들이느냐? 이 위기를 모면하기 위해 김정희를 끌어들인 게 아니냐? 질문이 계속되었다. 김양순의 대답도 분명했다. 이미 죽은 사람에 관한 일이라 말하기 어렵고 조심스러워 이제야 진술을 하게 되었다는 것이었다. 하지만 사이에 낀 네 사람은 이씨 성을 가진 선비, 김정희, 허성, 남이익이 확실하다고 대답한 것이다. 상황이 이렇게 되자 심문장의 분위기도 바뀌었다. 죄인의 입에서 김정희의 이름이 나온 이상 그를 잡아다가 심문해야 한다고 보았기 때문이었다. 이때 추사는 예산의 고향에 내려가 있었다. 상황이 심상치 않게 돌아가자 고향으로 내려간 것이다. 그런데 20일 밤, 갑

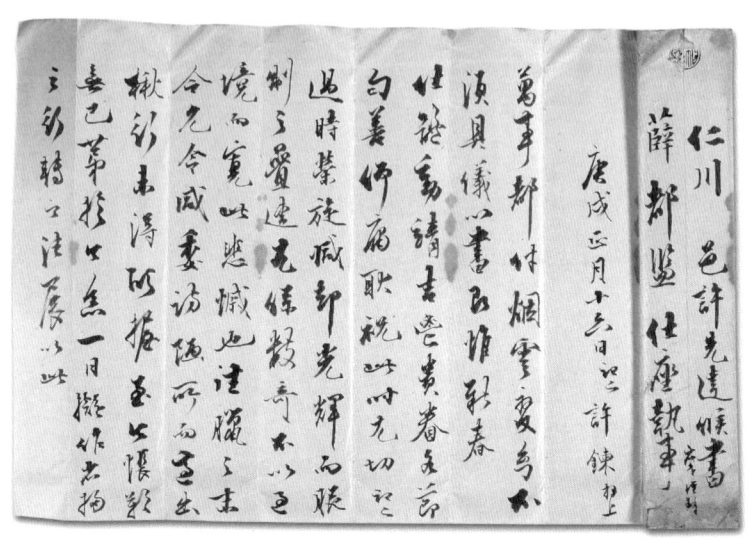

허련 간찰, 수경실 소장 | 1850년에 쓴 허련의 친필 편지이다. 추사체를 핍진하게 구사했다.

자기 금부도사禁府都事 박제소朴齊韶가 내려왔다. 소치小癡 허유許維는 당시의 상황을 이렇게 전하고 있다.

> 추사 선생은 탈상 후에 형조참판이 되었고, 1839년 6월 도목정사都目政事에서는 동지부사冬至副使가 되었다. 7월에 김홍근이 상소를 올려 추사 선생을 공격하여 직첩職牒, 벼슬 임명장을 회수당할 지경이 되자 금호黔湖로 물러났다. 8월 초에는 예산禮山 왕자지王子池 묘소로 내려갔는데, 같은 달 20일 밤에 붙잡히셨다. 떠나는 날은 내가 서울에서 내려와 절하고 뵈었던 날이었다. 그때의 살벌한 광경을 어찌 말로 표현할 수 있겠는가?[11]

참으로 어처구니없는 일이었다. 이렇게 추사는 김양순의 말 한마디로 옥에 갇히는 신세가 되고 말았다. 아무런 증거도 없이 옥에 갇힌 죄인의 말만 듣고 사람을 잡아들여 고문을 가한다는 게 지금 우리의 상식으로는 도저히 이해할 수 없는 일이지만, 조선시대에 왕명으로 진행되는 옥사獄事에서는 당연한 일이었다. 죄인의 입에서 김정희라는 이름이 튀어나오는 순간 김정희는 죄인이 되는 것이었다. 본래 이 사건의 재판장은 우의정 조인영이었다.

그러나 조인영과 추사는 젊은 시절부터 친밀한 사이였기 때문에 조인영은 병을 핑계로 재판장의 자리를 사임하였다. 친구를 법정에 세워놓고 재판을 진행할 수 없었기 때문이리라. 그러자 헌종은 8월 21일 영부사領府事 이상황李相璜, 1763~1841에게 재판장을 맡게 하였다. 문초는 8월 23일부터 시작되었다.

【문】 죄인 김정희 나이 오십오 세. 윤상도의 경인년1830 상소가 처음부터 끝까지 모두 네가 원래 만든 상소문에서 나왔으며, 누구에게 전달됐고, 누구를 사주했는지 모두 근거가 있다. 국청의 진술에서 나온 것이므로 내력이 분명하며, 그 소문의 근거는 실제로 네가 평소에 돌봐준 이씨 성을 가진 유생에게서 나온 것이다. 이것은 지나간 소문이 아니라 명백한 증거다. 만일 이런 일이 없었다면 틀림없이 이런 이야기가 없었을 것이다. 이미 이런 이야기가 있는 이상 분명히 이런 일이 있었다는 것이다. 너는 이에 대해

어찌 감히 얼렁뚱땅 벗어날 생각을 하겠느냐? 앞뒤 과정을 사실대로 이야기하라.

【답】저는 늘 윤상도의 흉악한 상소가 천기天紀를 무너뜨리고 인륜을 파괴한 것으로 알고 있습니다. 제가 굳게 붙들고 있는 의리 또한 다른 사람에게 뒤처지지 않습니다. 어찌 그런 주장을 할 이유가 있겠습니까? 상소를 짓고 사주하는 따위의 일은 참으로 터무니없는 황당한 이야기입니다. 천지신명께서 분명하게 계신데 제가 비록 털끝만큼이라도 속이려 해도 그것이 가능한 일이겠습니까? 이씨 성을 가진 유생이 어떤 사람인지 정말 모릅니다. 국청의 진술이 어느 죄인의 입에서 나왔는지 모르지만 그와 대질시켜 주십시오.

【문】국청의 진술에서 나온 것은 명백한 근거가 있다. 네가 어찌 감히 변명을 하느냐?

【답】조금 전 진술에서 이미 다 말씀드렸는데, 다시 무슨 아뢸 말씀이 있겠습니까? 이렇게 흉악한 상소를 어찌 주동할 까닭이 있겠습니까? 국청의 진술에서 나온 것이 어떤 것인지 모르겠지만 한번 대질시켜주시기 바랍니다.

【문】이 일에는 모두 근거가 있는데, 네가 얼렁뚱땅 넘어갈 생각을 하려는 것이냐? 진술한 내용이 비록 하늘을 두고 맹세한 것이라 하여도 네 마음이 참으로 하늘을 속일 수 있을 것이라 여겨서 감히 이렇게 하는 것이냐? 법정에서 사실을 캐묻는 일이 얼마나 엄중한데 네 감히 이렇게 얼렁뚱

땅하는 것이냐?

【답】국청 진술의 근거가 무슨 일인지는 모르겠지만 애초에 이런 일이 없었는데 무슨 아뢸 말씀이 있겠습니까? 천지의 귀신들이 분명하게 하늘에 있는데, 어찌 감히 속일 생각을 하겠습니까?

【문】네가 평소에 뒤를 봐준 이씨 성을 가진 유생은 네가 깊이 생각하면 기억할 수 있을 것이다. 네가 지은 죄를 사실대로 이야기하여라.

【답】뒤를 봐준 이씨 성을 가진 유생은 진짜 없습니다. 그의 이름이 무엇입니까? 저는 정말로 그가 어떤 사람인지 모릅니다.

【문】네가 생각해보면 그의 이름을 기억할 수 있을 것이다.

【답】그 이름을 들려주십시오.

【문】윤상도가 흉악한 상소를 혼자 할 수 없다는 것은 모두가 알고 있는데, 사주하고 주동한 사람으로 너를 지목하고 있다. 네가 주동자가 아니라면 누가 주동자란 말이냐?

【답】윤상도와 저는 그림자도 마주친 적이 없습니다. 바로 풍마우불급風馬牛不及, 암내 난 소나 말도 짝을 찾아갈 수 없을 만큼 멀리 떨어져 있다는 말로 아무 관계가 없다는 뜻인데 어떻게 윤상도와 이런 일을 상의할 것이며, 이렇게 흉악한 상소를 누가 감히 주동했단 말입니까?

【문】윤상도가 비록 서로 만나는 사람은 아닐지라도 중간에 네 뜻을 전해준 사람이 있었을 것이며, 또한 윤상도를 꾀어낸 사람이 있었을 것이다. 어떻게 꼭 그림자라도 만나고 나서야 이런 일을 한단 말이냐?

【답】어찌 이런 마음을 품을 이유가 있겠으며, 하늘이 저 위에 있는데 어찌 감히 속이겠습니까? 그 내력을 하나하나 가르쳐주시면 대답할 수 있을 것입니다.

【문】조금 전에 이씨 성을 가진 유생으로 그 단초를 열어 묻겠다. 네 마음속이 반드시 분명해질 것이다. 하나하나 똑바로 아뢰도록 하여라.

【답】이가李哥는 어떤 사람인지 모릅니다. 대질시켜주십시오.

【문】네가 평소에 뒤를 봐준 사람인데 어찌 모를 까닭이 있느냐? 게다가 그의 승보시陞補試, 성균관 대사성이 주관하던 초시 합격이 네 손에서 나왔고, 이미 진사進士가 되었는데 네가 어찌 모른단 말이냐? 감히 숨기지 마라.

【답】저는 정말 기억이 나지 않습니다. 승학방陞學榜, 승보시 합격자 명단에는 애초에 제가 돌봐준 사람이 합격한 경우는 없었습니다.

【문】네가 비록 강하게 변명하며 버텨보아도 이 상소는 분명히 주동자가 있다. 온 세상이 너를 지목하고 있는데, 네가 어찌 감히 속이고 벗어나려 하느냐? 나라에는 떳떳한 법이 있는데 네가 어찌 감히 이렇게 버틴단 말이냐?

【답】저를 지목하는 것은 참으로 그 까닭을 모르겠습니다. 그 내력을 자세히 가르쳐주십시오.

【문】상소문의 초본이 네 손에서 나왔는데, 네가 어찌 주동자가 아니란 말이냐?

【답】상소문의 초본이 제게서 나왔다는 무슨 명확한 증거라도 있습니

까? 가르쳐주십시오.

【문】네가 증거가 없다고 생각하여 이렇게 강변하느냐?

【답】절대 이런 일이 없는데, 무슨 강변하고 말고 할 게 있겠습니까? 이 밖에는 달리 아뢸 말씀이 없습니다.

김정희에 대한 심문을 마치자 이번에 김양순을 불러 다시 심문하였다. 김정희의 진술 내용을 들려주고 김양순의 진술이 거짓이었음을 일일이 거론하며 추궁하였다. 김양순이 앞서 진술한 내용의 근거를 다시 한번 따져 묻고, 만일 사실이 아니라면 무고죄가 추가된다는 이야기를 하며 압박하였다. 하지만 김양순도 가만히 있지 않았다. 그는 생각나지 않는다고 하던 이씨 성을 가진 유생의 이름이 생각났다며, 그의 이름이 이화면李華冕이라고 대답했다. 이화면은 김정희가 성균관 대사성으로 재임할 때 합제合製 초시初試에 합격했다는 것이었다. 아울러 그와는 나이 차이가 나지만 그가 살던 곳이 김정희와 가까웠으므로 잘 알지는 못한다 해도 모른다고는 할 수 없는 처지라고 진술하였다. 결국 이번 진술에서 김양순은 이화면이 평소 남이익과 친하게 지냈고, 또 허성과도 서로 아는 사이이기 때문에 이들이 김정희의 사주를 받아 상소를 서로 전달했다는 주장을 폈다. 이미 죽은 이화면의 이름을 끌어들여 상소문이 김정희로부터 이화면, 남이익을 거쳐 허성에게 전달되었고, 다시 윤상도를 통해 상소가 올려졌다는 가짜 논리를 만들어낸 것이었다. 하지만 김양순은 그것을 직접 본 것이 아니라, 자신이 잡혀 오던 날 자기를 찾아온 사람이 자신에게 들려주었다고 진술했다. 참으로 황당하기 짝이 없는 일이었다. 이미 죽은 사람들을 중간에 끼워넣어 억지 논리를 만들어냈던 것이다. 김양순은 김정희와 대질시켜도 그에게 꿀리지 않을 자신이 있다며 자신의 논리를 끝까지 밀어붙였다.

김양순의 억지 주장이 계속되자 이번에 허성을 다시 불러 심문하였다. 하지만 김정희로부터 이화면을 거쳐 전달된 상소문의 고리를 묻자, 허성은 이화면은 전혀 모르는 사람이고, 김정희의 경우 처음 조정에 갔다 겨우 얼굴이나 알게 된 정도이며, 을유년에 자신이 태안泰安군수로 있을 당시 김정희가 암행어사로 내려와 서계書啓, 임금의 명령을 받은 관리가 그 일의 결과를 보고하던 문서를 올려 자신의 파직을 논한 이래 서로 왕래가 없었다고 진술하였다. 김양순의 진술을 완전히 부정한 것이었다. 더욱이 그는 상소의 출처에 대해 김양순이 써준 것이라는 종래의 진술을 반복하였고, 김정희가 이 일에 관련되어 있다는 이야기는 애초에 김양순에게서 듣지 못했다고 진술하였다. 허성은 김양순의 말에 따랐을 뿐이라는 진술을 한 것이었다. 그러자 이번에는 김양순과 김정희의 대질이 이어졌다.

【김양순】지금 이 지경을 당하여 내가 이 법정에 들어왔는데, 너 또한 들어왔구나. 윤상도가 상소를 올릴 때 나는 도헌都憲, 대사헌으로 재임하였다. 그래서 허성은 윤상도를 속이고 내가 주동자라고 한 것이다. 이 때문에 윤상도의 아들이 나를 끌어들여 내가 체포되었는데, 그 4, 5일 전에 어떤 사

람이 와서 김정희가 그 상소문을 지어 허성에게 전해주었다고 말했다. 김정희가 충청도 암행어사로 갔을 때 서계를 올려 허성을 파직했기 때문에 직접 연락하지 않고 선비를 시켰는데, 네가 대사성으로 있을 때 초시에 오른 이화면이 남이익, 허성에게 전달했다는 것이었다.

【김정희】이화면은 과연 내가 안다. 와서 말해준 사람들을 하나하나 자세히 말해보라. 너는 이화면을 모르느냐? 이제 와서 이미 죽은 이화면과 남이익을 가지고 증거를 삼으려고 하니 너무 간교하지 않으냐? 와서 말해준 사람을 자세히 말하면 탄로가 날 것이다. 자세히 말해보아라.

【김양순】네가 이미 알고 있으면서 조금 전에는 어찌 이화면을 모른다고 진술했느냐?

【김정희】조금 전에는 성명을 듣지 못했기 때문에 모른다고 한 것이다. 네가 기필코 이미 죽은 사람을 증거로 들고자 하니 어찌 이렇게 망측한 놈이 있느냐? 와서 말해준 사람들을 하나하나 가리키며 누구인지 말해보아라.

【김양순】이화면은 네가 초시에 뽑아주었고, 진사가 되게 해주었는데 모른다는 게 말이 되느냐?

【김정희】비록 초시는 내 손으로 시켰지만 내가 어찌 진사를 시킬 수 있단 말이냐?

【김양순】네가 허성을 옥당玉堂, 홍문관 관원에 오르게 해주었는데, 어찌 진사를 시켜줄 수 없단 말이냐?

【김정희】어찌 이런 흉악한 놈이 있단 말이냐? 어찌 네게 와서 말해준

사람들을 직접 말하지 않는 것이냐? 네가 눈으로 보지도 않았으면서 소문만을 믿고 아무 근거도 없이 사람을 속인단 말이더냐?

【김양순】 너희들이 소장疏章, 상소하는 글을 만들었는데 내가 어떻게 목격할 수 있단 말이더냐?

【김정희】 네가 만약 알았다면 그것은 옥정獄情, 옥사를 다스리는 일에서 일체의 사정의 중대한 일인데, 체포된 지 며칠이 지난 오늘에야 아뢰었단 말이더냐?

【김양순】 이화면이 만일 살아 있었다면 당일이라도 아뢰었겠지만 그가 죽은 사람이므로 말하기 어렵고 조심스러워 여러 날이 된 것이다.

【김정희】 아무튼 와서 말한 사람들을 말하면 분명하게 가려질 것이다.

【김양순】 허성은 가리기 어려울 게 뭐가 있겠느냐?

【김정희】 허성은 난 모른다. 네가 허성을 알기 때문에 그 진술에 나온 것이다. 내가 만일 간섭했다면 허성이 어찌 먼저 나를 부르지 않았겠느냐?

【김양순】 너와 남이익이 서로 간여했지만, 허성은 남이익을 아꼈기 때문에 너를 고하지 않은 것이다.

이렇게 두 사람은 서로 언쟁을 하면서 대질 심문을 마쳤다. 세 사람에 대한 심문을 마친 뒤, 이들을 바라보는 심문장의 시선은 사뭇 달랐다. 먼저 김정희에 대해서는 의심의 눈초리를 거두지 않았다. 김양순이 끌어들인 이화면이 이미 죽고 없으므로 사실을 캐낼 길이 없다고 판단한 김정희가 김양순의 주장이 '터무니없는 무고'라고 하면서 명확한 증거를 대라고 요구만 하고 사실대로 진술하지 않는다고 본 것이다. 김양순과의 대질에서도 김양순의 진술이 근거가 있다고 판단했다. 그래서 김정희가 윤상도의 옥사와 무관하다면, 김양순이 어째서 김정희가 그 일을 시킨 것으로 지목을 했는지 의문을 가졌던 것이다. 결국 김정희에 대해서는 보통의 심문으로는 제대로 된 진술을 받아낼 수 없다고 판단하고 엄형을 가해야 한다는 결론을 내렸다.

이어서 같은 날 김양순에 대한 심문이 계속되었다. 하지만 한 차례의 고문과 곤장 7대를 맞고도 그는 기존의 주장을 되풀이하며 김정희를 심문하면 진실을 알 수 있을 것이라고만 하였다. 이어진 허성의 심문에서도 상황은 비슷했다. 허성은 김양순으로부터 상소문을 적어와 윤상도에게 전해준 일에 대해서는 이미 진술을 했지만, 이화면은 애초에 모르는 사람이라며 대질을 요청했다. 가장 중요한 상소문의 출처에 대해서는 김정희와의 관계를 완전히 부정한 것이었다. 이날 허성은 한 차례의 고문을 당하고 곤장 5대를 맞았다. 이어서 김정희에 대한 심문이 이어졌다. 하지만 김정희의 주장도 이전과 다를 게 없었다. 김양순에게 말을 전달한 사람과 대질시킨다면 모든 게 밝혀질 것이라는 게 요지였다. 추사는 한 차례의 고문을 당하고 곤장 5대를 맞았다.

8월 24일에도 김양순에 대한 심문은 계속되었다. 한 차례의 고문을 당하고 곤장 11대를 맞았지만 김양순은 여전히 김정희를 심문하면 저절로 죄상이 드러날 것이라는 말만 되풀이하였다. 김양순에 이어 김정희에 대한 심문이 다시 시작되었다.

【문】비록 이화면이 이미 죽었을지라도, 증거가 중간에 끊어졌다고는 하면서 김양순의 말이 거짓이라고 하는 것도 이 때문이고, 법정에서 억울하다고 하는 것도 이 때문이지만, 이것이 어찌 네가 혐의에서 벗어날 수 있는 분명한 증거가 되겠느냐? 가령 네가 흉악한 상소와 관련이 없이 그림자도 마주치지 않고 소식을 끊고 살았다면, 비록 오래 묵은 유감이나 깊은 복수심을 네가 달게 여기려는 마음이 있을지라도 어떻게 전혀 없는 것을 속이고 있는 것으로 만들 수 있겠느냐? 사리로는 그렇다 해도 네가 한갓 무정한 말 한마디로 범죄의 진상을 덮으려 한다면 일을 정교하게 하려다 오히려 망치는 격이다. 법정을 속인 죄가 추가될 뿐이다. 더욱 심문하라는 윤허가 내려왔으니 일이 더욱 각별하다. 감히 숨기지 말고 하나하나 솔직히 진술하라.

【답】이화면의 생사 여부는 저와 상관이 없습니다. 살아 있어 대질했다면 오히려 다행스런 일이었을 것입니다. 김양순이 말한 '말을 전달해준 그 사람'을 대질시켜주십시오. 저 또한 앞에서 진술했지만, 제 의리는 제가 생각해도 남에게 뒤지지 않습니다. 어찌 김양순이 거짓으로 끌어들인 유언비어를 가지고 제가 범인이라고 한단 말입니까? 유언비어를 끌어들이는 일은 고금을 통틀어 얼마나 많았습니까?

【문】네 말과 같이 모함을 당했다 해도 조금이라도 집어낼 만한 꼬투리가 있어야 끌어들일 수 있는 것이다. 사실대로 진술하라.

【답】어찌 조그마한 꼬투리라고 할 게 있겠습니까? 터무니없는 모함입니다.

【문】네가 비록 김양순과는 오랫동안 소식을 끊고 지냈다고 하지만, 사는 곳이 가깝고 또 윤상도의 상소가 나오기 이전에는 네가 소식을 끊고 지내지는 않았을 터이니, 틀림없이 서로 꾸며낸 것이 있을 것이다. 즉시 사실대로 아뢰어라.

【답】애초에 상관이 없는 일인데 어찌 사실대로 아뢸 것이 있겠으며, 사는 곳이 가깝다고는 하여도 어찌 사람마다 모두 서로에게 간섭할 수 있겠습니까?

【문】윤상도의 상소 이외에도 그 당시에는 다른 사람의 죄를 비판하는 상소가 많았는데, 네가 비록 다른 상소 때문이라도 김양순과 서로 왕래할 일이 없었겠느냐?

【답】제가 처음부터 상소하는 일에는 관계하지 않았는데, 비록 다른 상소라 할지라도 어찌 그와 상의할 일이 있었겠습니까? 김양순이 말한 '말을 전해준 사람'과 대질시켜주시기 바랍니다. 그렇게 되면 의혹이 해소될 것입니다. 김양순이 어찌 제가 그 일에 관여했다는 명백한 증거라 할 수 있겠습니까? 김양순이 어찌 저의 일을 알겠습니까? 비록 같은 동네에 살고 있지만, 평소 처음부터 일을 꾸밀 만한 친분이 없습니다.

【문】어제 대면할 때 보니 이화면에 대해 '내가 비록 알긴 하지만 너 또한 모르느냐?'고 했는데, 여기서도 얼굴빛과 말하는 사이에 탄로가 난 것이다. 그런데도 아직까지도 일을 꾸민 흔적을 숨긴단 말이더냐?

【답】이화면과 김양순이 서로 알기 때문에 그런 이야기를 한 것인데, 이화면을 알고 모르고가 어찌 일을 꾸민 흔적이 되겠습니까? 다른 상소의 일은 무슨 상소인지 모르겠지만 정말로 상관이 없습니다.

【문】중요하고 중요하지 않고를 떠나 너는 모든 사안에 대해 '그런 일 없다'고 하는데, 여기서도 숨기고 있는 사정이 있다는 것을 알 수 있다. 다시 사실대로 아뢰어라.

【답】숨겨둔 사정이란 게 무슨 일인지 모르겠지만, 정말로 숨겨둔 사정이 없으니 달리 말씀드릴 게 없습니다.

이 과정에서 김정희는 한 차례의 고문을 당하고 곤장 7대를 맞았다. 몸은 이미 만신창이가 되어 있었다. 25일에도, 26일에도 김양순에 대한 심문이 계속되었다. 숱한 곤장을 맞으면서도 김양순의 대답은 한결같았고, 모든 걸 김정희에게 떠넘겼다. 김정희도 억울함을 호소할 뿐이었다. 전혀 새로운 사실이 나올 수 없는 상황이었다. 3일간 계속된 국문으로 김정희의 몸은 말이 아니었다. 더이상 고문을 가하기가 어려울 정도였다. 그에 따라 김정희는 치료를 위해 수감되었고, 김양순에 대한 심문은 계속되었다.

8월 27일, 김양순에 대한 심문이 다시 시작되었다. 한 차례의 고문과 곤장 19대를 맞았지만 김양순은 꿈쩍도 하지 않았다. 그런데 이날은 김양순에 대한 심문이 다시 한번 열렸다. 한마디로 괘씸죄에 걸린 것이다. 김양순의 거짓말이 정도를 더해가자, 심문장에서는 김양순이 김정희를 끌어들인 일을 하나의 사건으로 보고, 허성이 김양순을 끌어들인 것을 또하나의 사건으로 구분하여 처리키로 한 것이었다. 김정희와 관련된 일은 해결의 기미가 보이지 않았지만, 허성과 관련된 것은 이미 그 증거가 명백하므로 김양순이 자백을 하지 않더라도 처벌에는 문제가 없다고 보았기 때문이었다. 이어진 심문에서도 김양순은 한 차례의 고문을 당하고 곤장 23대를 맞았다. 하지만 김양순은 요지부동이었다. 이젠 자신이 죽을 줄 알고 있었기 때문에 오기 같은 게 발동했는지도 모를 일이었다.

1840년 8월 28일, 이날도 심문을 시작하려 했지만 두 사람의 병세가 심하여 치료 후에 심문을 하기로 했다. 그런데 이날 낮, 김양순은 결국 죽고 말았다. 8월 29일에는 허성에 대한 심문이 진행되었다. 한 차례 고문을 당하고 곤장 3대를 맞은 끝에 허성은 윤상도가 상소를 올리도록 사주한 일과 상소를 수정한 일 등을 자백했다. 이로써 허성의 일은 마무리되었다. 이제 남은 것은 김정희에 관한 일뿐이었다. 다시 김정희에 관한 심문이 시작되었다. 한 차례 고문을 당한 후, 곤장 5대를 맞았지만, 김정희는 여전히 김양순에게 말을 전달한 사람과 대질을 원할 뿐이었다.

8월 30일, 이날 허성은 윤상도에게 상소를 올리도록 사주한 죄와 상소문을 수정한 죄로 서소문 밖에서 능지처참되었다. 그리고 김정희에 대한 심문이 계속되었다. 김정희 또한 김양순이 자신의 집안을 몰살시키려 하는 것은 온 조정이 알고 있는 일인데도 그가 자신을 끌어들인 까닭을 모르겠다며 명백한 조사를 요구하였다. 오직 억울하다는 말뿐이었다. 한 차례의 고문을 당하고 곤장 7대를 맞았다. 이후 심문은 잠시 중단되었고, 3일 뒤인 9월 3일에 다시 심문이 시작되었다.

【문】 심문한 지 몇 차례가 지났건만 처음부터 지금까지 말 한마디로 막으며 '모함'일 뿐이라느니, '억울'할 뿐이라느니 하면서도 숨겨놓은 속마음은 실토하지 않고, 무엇이 모함이고 무엇이 억울하다는 것인지 그 곡절은 조금도 밝히지 않으면서 벗어날 생각만 하고 있으니 그 모습이 참으로 교활하구나. 이제 다시 특별한 분부가 내려와 심문을 하게 되었으니 그 일이 아주 엄중하다. 앞처럼 하지 말고 하나하나 사실대로 아뢰어라.

【답】 지금까지 진술한 게 모두 몇 차례나 되는데, 이미 남김 없이 모두 아뢰었습니다.

【문】 특별한 분부가 내려와 심문하는 일이 얼마나 중대한데, 모함이라느니 억울하다느니 등의 말로 줄곧 얼렁뚱땅하려는 것이더냐? 사실대로 아뢰어라.

【답】 뭔가 말씀드릴 게 있어야 다시 말씀을 드릴 게 아닙니까? 앞의 진술대로 명백히 조사해주십시오.

【문】 그렇다면 김양순이 어찌해서 아무 근거도 없이 너를 지목하여 아뢰

조인영 간찰, 현계정사 소장 | 1847년에 쓴 조인영의 친필 편지.

었단 말이더냐?

【답】단지 그가 벗어나고자 하는 계책에서 나온 것인데, 제가 김양순의 속마음을 어찌 알겠습니까?

【문】김양순이 벗어나고자 하면서 하필 너를 끌어들였단 말이냐?

【답】그 속뜻을 모르겠습니다. 명백히 조사하면 분명해질 것입니다.

【문】김양순은 너 한 사람만을 끌어들인 게 아니다. 연결고리를 소상하게 지목하며 진술하였다. 이것은 틀림없이 단서가 있어서 그랬을 것이다. 어찌 똑바로 아뢰지 않는 것이냐?

【답】이 점이 제가 김양순이 이야기를 들었다는 사람을 명백히 조사하기를 바라는 이유입니다. 이 밖에는 달리 말씀드릴 게 없습니다.

이날 김정희는 한 차례 고문을 당하고 곤장 9대를 맞았다. 연일 이어진 형벌과 심문으로 그는 숨 쉬기조차 힘든 지경이 되었다. 이대로 가다가는 그의 목숨이 붙어 있을지 장담하기 어려운 상황이었다. 그런데 다음날, 조인영이 헌종에게 이 사건에 관한 보고서를 올렸다. 심문의 경과와 결과를 정리하여 보고하는 내용이었다. 여기서 조인영은 김정희의 죄상에 대해 의심은 가지만 확증이 없다는 결론을 내렸다. 이는 확증이 없는 이상 그를 죽일 수 없다는 의미를 담고 있었다. 이를 본 헌종은 김정희를 대정현大靜縣, 지금의 제주도 서귀포 지역에 위리안치하라는 전교를 내리며 심문을 거두라고 하였다. 죽음의 문 앞까지 이르렀던 추사의 목숨이 간신히 살아나는 순간이었다. 김정희는 심문에서 모두 6차례에 걸친 고문을 당하고 36대의 곤장을 맞아 만신창이가 된 몸을 이끌고 제주도로 향할 수밖에 없었다. 그 답답함과 억울함을 어디에 풀 수 있었겠는가.

윤상도의 상소

윤상도는 1830년 8월 28일에 박종훈朴宗薰, 신위申緯, 유상량柳相亮을 탄핵하는 상소를 올려 벌을 주어야 한다고 주청했다. 『조선왕조실록』에는 윤상도의 상소가 실려 있다. 그 대략을 보면 다음과 같다.

호조판서 박종훈, 전 유수留守 신위, 어영대장 유상량은 예은睿恩, 효명세자의 은혜을 저버리고 함께 악행惡行을 저질렀습니다. 그들이 저지른 일을 따라가보면 말로 하기 부끄럽고, 그 마음 씀씀이를 이야기하면 죄 가운데서도 큰 죄에 해당합니다.

저 박종훈은 이름난 조상祖上의 자손으로서 지금까지 역임한 관직이 어떠했습니까? 그는 다른 사람보다 곱절이나 많은 은혜를 갚아야 합니다. 그런데도 그는 타고난 성품이 교활하고 행실이 요망한데다 보잘것없는 문예文藝로 한 시대를 속이고 명예를 구하였으며 현명하고 능력이 있는 사람을 질투하고, 자기보다 뛰어난 사람을 싫어하여 남을 그르치게 했습니다. 과거 시험을 가지고 말한다면 합격자가 모두 개인적인 친분으로 이루어졌으며, 관리 선발을 가지고 말한다면 모든 자리가 공평하게 이루어지지 않았습니다. (중략) 신위는 교묘한 말과 아첨하는 얼굴로 오로지 남에게 잘 보이는 일만 하였습니다. 잔재주는 본래 기생집의 어린아이 같고 행동은 권문세가의 총애를 받는 하인과 같아서 사람들이 침을 뱉고 욕을 하니 책망

할 대상도 못 됩니다. 타고난 모습이 경박하고 타고난 성질이 음탕하여 춘천春川의 지방관으로 나가서는 백성들에게 사납게 굴고 여색女色을 탐하여 원망하는 소리가 길에 가득하였으며, 강화 유수로 재임할 때에는 옛날의 못된 습관을 고치지 못하고 백성들의 재물을 거두고 여색을 탐하기를 지난 날보다 더 심하게 하였습니다. 그 결과 재물이 많은 자는 깡그리 없어질 지경이 되었고, 딸이 있는 자는 눈치를 보아 도망하여 떠나므로 중요한 지역인데도 열에 아홉 집은 텅 비어버렸습니다. 그가 한 푼이라도 보답할 마음이 있었다면 어찌 차마 이런 일이 있겠습니까? 이런 것은 그의 자잘한 허물이며 그 밖의 간악하고 흉악한 죄상罪狀은 신이 감히 조목으로 말씀드릴 수도 없습니다. (중략) 유상량은 국가의 두터운 은혜를 입었습니다. 외직外職으로 나가서는 병사兵使나 수사水使, 내직內職으로 들어와서는 대장大將이 되었으니 벼슬은 높고 영화는 극도에 이르렀습니다. 그러니 온 힘과 정성을 다해 만분의 일에 해당하는 은혜라도 갚으려 했어야 마땅한데, 외직에 나가서는 백성들이 피와 땀을 흘려 모은 재물을 빼앗고, 기이한 보화와 특이한 산물을 실어 나르느라 수레와 말이 도로에 끊임없이 잇달았으며, 내직으로 들어와서는 중요한 공공 재물을 함부로 사용하면서 권신權臣에게 아첨할 계획만 세웠으니, 그 죄는 하늘을 속이는 것입니다. (중략) 아! 저 세 흉인凶人의 죄를 어찌 전부 처벌할 수 있겠습니까? 대체로 그 계획이 음험하고 생각하는 게 간사하여, 스스로 생각하기를 '다른 사람이 보지 못한 것인데 누가 그것을 알 것이며, 다른 사람이 모르는 일인데 누가 말하겠는가'라고 합니다. 다른 사람들이 차마 하지 못하는 계획을 몰래 행동에 옮기고, 다른 사람이 감히 말하지 못하는 일을 제멋대로 행동하니, 이는 참으로 옛날의 간신이나 소인들도 하지 않았던 짓입니다. 그러니 그런 마음을 따져보면 목을 베더라도 아까울 게 없으며, 그 죄를 성토한다면 만번 죽여도 가볍습니다. 바라옵건대 신의 이 글을 삼사三司에 내려주시고, 만일 신의 말에 털끝만큼의 거짓이 있다면 신은 당연히 다른 사람을 모함한 죄로 죽임을 당해야 할 것이며, 신의 말이 정말 허망한 게 아니라면 박종훈, 신위, 유상량에게 빨리 처분을 내려 해당 형률을 시행하십시오.

참으로 입에 담기 힘든 온갖 욕설과 모함으로 가득한 상소였다. 그런데 이 상소를 본 순조는 오히려 윤상도를 추자도에 유배시켜버렸다.

인심이 무너졌다 해도 조금은 두려워하고 꺼려하는 마음이 있어야 한다. 그런데 윤상도란 놈은 혼자만 조선朝鮮의 신하가 아닌가? 그가 세 사람을 논한 말은 아주 음험하고 참담하였으며, '다른 사람이 차마 하지 못할 바를 하였다'고 한 것은 과연 무엇을 말하는 것인가? 저와 같이 시골의 촌놈이 어떻게 스스로 이런 일을 했겠는가? 잘 알 수는 없지만 지시하는 사람이 있을 것이고, 이런 때를 편승하여 반란을 선동하려는 계획을 꾸몄을 것이다. 진실로 엄중히 국문鞫問하여 실정을 알아냄으로써 인심을 바로잡고 사악한 말이 나오지 못하게 하는 것이 마땅하다. 하지만 여러 차례 생각해보고 더이상 말하지 않는 것은 도리어 일의 국면이 손상될까 그런 것이다. 우선은 뚜렷한 증거가 없어 가벼운 쪽으로 벌을 준다는 원칙에 따라 윤상도를 추자도에 유배하라.

순조는 임금에게 올린 상소의 내용이 너무도 무례하고 방자하다고 생각했다. 아무리 성품이 나쁜 자라도 임금께 상소를 올릴 때에는 말을 가려서 하는 법인데, 윤상도란 놈은 혼자만 조선의 신하가 아니란 말인가, 어찌 이런 안하무인의 상소를 올렸단 말인가? 더욱이 순조는 윤상도 같은 촌놈에게는 분명 배후가 있을 거라고 생각했다. 하지만 사태가 확대되는 것을 우려한 순조는 윤상도를 추자도에 유배시키는 것으로 일을 마무리 지었다. 하지만 이 일은 훗날 추사가 제주도로 유배 가는 빌미가 되었다.

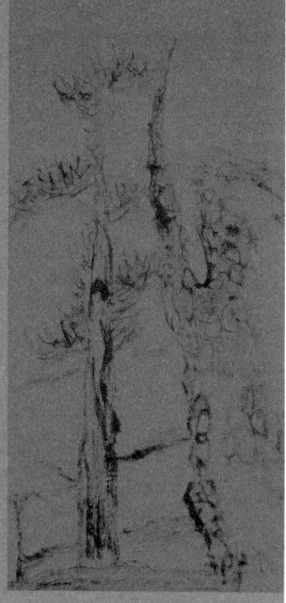

3

〈세한도〉의
탄생

추사는 우선이야말로 공자가 인정했던 송백松柏 같은 사람이라는 것을 깨달은 것이다. 무언가 선물을 하고 싶었
지만 바다 멀리 유배객 신세의 몸으로 할 수 있는 것은 아무것도 없었다. 이상적의 뒤를 봐줄 수도 없었고, 그에게
돈을 줄 수도 없었다. 할 수 있는 거라곤 자신의 마음을 전하는 것뿐이었다. 붓을 든 추사는 자신의 처지와 우선의
절개를 비유한 그림을 그려나갔다. 창문 하나 그려진 조그만 집 하나, 앙상한 고목의 가지에 듬성듬성 잎이 매달
린 소나무 하나, 그리고 나무 몇 그루를 그렸다.

겨우 목숨을 건진 추사는 곧바로 유뱃길에 올랐다. 갖은 고문과 매질로 만신창이가 된 몸을 추스를 여유조차 없었다. 몸에 형구가 채워지고 매를 맞았다는 모욕감은 둘째치고, 추사를 가장 힘들게 한 것은 조상의 얼굴에 먹칠했다는 죄책감이었다. 아버지 김노경은 관작까지 추탈되는 수모를 당했다. 비참한 심정을 하소연할 곳도 없었다. 가장 친한 친구 권돈인은 그해 7월에 형조판서로 임명되었지만, 그가 할 수 있는 일은 아무것도 없었다. 금오랑金吾郞을 따라 전라도 해남의 이진梨津, 제주로 가는 배가 출발하던 포구에 도착한 것은 서울을 떠난 지 20일이 지난 9월 하순경이었다. 순풍을 기다리다 27일에 배에 올라 석양 무렵에 제주성濟州城 화북진禾北鎭, 지금의 제주시 화북동 아래에 도착했다.

그곳에서 제주성까지는 10리가량 되었지만, 그날은 그냥 화북진 아래 민가에 머물렀다. 다음날 아침 성으로 들어가 아전 고한익高漢益의 집에 머물렀다. 고한익은 배 안에서부터 함께 고생하며 왔는데, 사람이 아주 순박한데다 마음 씀씀이가 착했다. 추사의 유배지인 대정현은 제주성의 서쪽으로 80리쯤 떨어져 있었다. 그 다음날에도 바람이 크게 불어 더 나아가지 못하고 그대로 머물러 있었다. 그리고 다음날인 10월 1일, 드디어 금오

랑을 따라 길을 나섰다. 길은 태반이 돌길이라 사람이나 말이나 제대로 걷기조차 힘들었다. 그러나 그 길이 끝나자 다시 평탄한 길이 나타났다. 빽빽하게 나무가 들어선 깊은 숲 속 길을 지나가기도 했는데 실낱같은 햇빛이 겨우 나뭇잎 사이를 뚫고 들어왔다. 초겨울이었지만 아직도 푸른 잎이 매달린 나무들은 너무도 아름다웠고 간혹 빨간 단풍나무 숲도 보였다. 하지만 유배객의 신세에 무슨 멋이 있겠는가. 정해진 일정에 쫓겨 바삐 걸음을 옮길 수밖에 없었다.

　추사는 정군鄭君, 추사 집안의 일을 보던 사람으로 추정됨을 먼저 보내 군교軍校, 군영에 종사하던 낮은 벼슬아치 송계순宋啓純의 집을 얻어 머물기로 하였다. 그나마 읍내에서도 좀 나은 집이었다. 온돌방은 한 칸인데 남쪽으로는 가느다란 툇마루가 있었고, 동쪽으론 작은 부엌이 있었다. 그 부엌의 뒤쪽으로는 또 두 칸의 부엌이 있고 창고가 하나 있었다. 이것이 바깥사랑채이고, 안사랑채도 이와 같았다. 안사랑채는 주인에게 그대로 살도록 했고, 바깥사랑채는 반으로 나누어 손님을 맞이할 수 있게 하였다. 작은 부엌을 온돌방으로 개조하면 손님이나 하인이 그곳에 머무를 수 있을 만했다. 그러고는 집터의 모양대로 가시울타리를 둘렀다. 이로써 추사의 행동은 이 집 안으로 제한된 셈이었다. 그나마 다행스럽게도 마당과 뜰 사이를 걸어 다닐 수 있었고, 식사도 할 수 있을 정도는 되었다. 이런 모든 절차가 끝나자 금오랑도 드디어 다시 서울을 향해 출발하였다. 그 편에 집안 하인을 딸려 보내며 추사는 자신의 도착 사실을 집안 식구들과 친구인 권돈인에게 알렸다.

그러나 추사에게 제주도 생활은 쉽지만은 않았다. 기후와 풍토가 맞지 않아 병치레가 잦아졌다. 아무리 도와주는 사람이 많아도 유배객 신세가 평탄할 리 만무하다. 처음 제주도로 유배를 가게 되었을 때만 해도 추사는 잠깐 쉬었다 돌아올 수 있을 것이라 생각했다. 거기엔 그럴 만한 이유가 있었다. 친구인 이재彛齋 권돈인과 황산黃山 김유근이 있었기 때문이다. 이 세 사람은 '삼총사'란 말이 어울릴 정도로 너무도 절친한 사이였다. 하지만 추사의 집안과 안동 김씨 집안의 정치적 대립은 심각한 수준이었다. 추사의 부친이 고금도에 유배되었던 일이나, 추사 자신이 이렇게 제주도로 유배된 것도 따지고 보면 모두 안동 김씨 집안 때문이었다. 그런 집안의 가장 핵심적인 인물인 김유근과 추사가 어떻게 그리 친하게 지낼 수 있었을까? 참으로 알 수 없는 일이었다.

추사와 김유근의 우정은 이런 정치적 문제에 전혀 개의치 않았다. 어릴 적부터 다져진 우정은 변하지 않았고, 오히려 갈수록 단단해져만 갔다. 다만 이런 상황을 증명할 자료는 거의 남아 있지 않다. 추사를 제외한 나머지 두 사람의 문집이 전하지 않기 때문이다. 사실 추사의 문집도 자신이 만든 것이 아니라, 그의 제자들이 시문을 모아 간행한 것이다. 결국은 세 사람 모두 자신들의 시문을 제대로 간직하지 못했다는 말이 된다. 추사의 젊은 시절 모습은 가장 절친했던 두 사람의 문집을 통해 확인할 수 있을 텐데 참으로 안타까운 일이다. 그런데 최근 그토록 찾던 김유근의 문집이

송영방, 〈추사선생영주적거도〉, 2008, 수경실 소장 | 우현 송영방 선생이 이한철이 그린 초상화를 참조하여 그린 것이다.

나타났다. 『황산유고黃山遺稿』라는 이름의 이 문집에는 추사와 권돈인의
우정을 잘 나타내는 글이 들어 있다.

나와 이재와 추사는 사람들이 말하는 석교石交이다. 서로 만나면 정치적
득실과 인물의 시비에 대해서는 말하지 않고, 영리榮利와 재물에 대해서도
언급하지 않는다. 다만 고금에 대해 이야기하고 서화를 품평할 뿐이다. 하
루라도 보지 않으면 문득 슬퍼하며 실성한 듯하였다. 사람이 세상을 살면
서 근심과 질병을 제외하고도 오르막과 내리막, 슬픈 일과 즐거운 일이 있
는데 어떻게 하루라도 일이 없을 수 있겠는가? 그러니 하루라도 만나지 않
는 날이 없다는 것은 더욱 어려운 일이다. 도장은 그 사람의 성명과 자호字
號가 모두 그곳에 있으니 마치 그 사람을 볼 수 있는 것과 비슷하다. 옛 그
림 하나를 구하면 오른쪽 왼쪽 여백에 모두 두 사람의 도장을 찍어 얼굴을
대신하는 자료로 여겼다. 그러면 만나지 않는 날이 하루도 없다고 해도 될
것이다.[12]

추사와 황산, 그리고 이재는 매일 만나서 고금의 역사를 이야기하고 서
화를 품평하며 지냈다. 정치적 득실이나 인물의 시비에 대해서는 조금도
이야기하지 않았다. 하지만 사람이 살면서 어떻게 하루도 거르지 않고 만
날 수 있겠는가? 근심 있는 일이 있기도 하고 병에 걸리기도 하고 슬픈 일
이나 즐거운 일이 있기도 한데 말이다. 그런데도 그들은 하루도 만나지 않

은 날이 없었다. 어떻게 그럴 수 있었을까? 그것은 바로 인장을 통해서도 만났기 때문이었다. 황산은 추사와 이재의 이름과 자호가 새겨진 도장을 가지고 있었다. 황산은 좋은 그림 하나를 구하면 그림의 좌우에 이 두 사람의 도장을 찍었다. 직접 만나지 않는 날은 이들 도장을 보면서 직접 만나는 것으로 여겼던 것이다. 이들의 우정이 어느 정도였는지 살펴볼 수 있는 대목이다.

그런데 왜 남의 이름을 새긴 도장을 가지고 있었을까? 다른 사람의 도장을 자신이 가지고 있는 서화나 서책에 찍는 일은 이전까지만 해도 조선에서는 보편적인 일이 아니었다. 이 일은 아마도 추사와 편지를 주고받았던 왕희손으로부터 유래되었을 것으로 추정된다. 연행을 했던 임백연任百淵, 1802~1866과 왕희손이 나눈 대화는 이를 뒷받침한다.

아침에 왕감천汪甘泉, 감천은 왕희손의 호이 보령국寶寧局, 가게 이름으로 왔다. 상사上使, 사신의 총책임자 정사와 같은 말께서는 작별한 뒤 바로 돌아갔고, 나는 다시 혼자 갔다. 감천이 보더니 아주 기뻐했다. 이야기를 하다가 누런 돌의 조그맣고 네모진 도장을 내게 주었다. '왕희손인汪喜孫印'이란 네 글자가 음각으로 새겨져 있었다. 내가 물었다.

"성의는 고맙지만 선생의 이름이 새겨진 도장을 제가 어디에 쓰겠습니까?"

감천이 말했다.

"괜찮습니다. 추사와 이재에게도 모두 제 이름이 새겨진 도장이 있습니다. 그대가 아끼는 화보나 서첩에 이 인장을 찍으면 멋이 있을 것입니다. 만리타국에 있는 사람을 생각하는 자료로 삼아도 괜찮을 것입니다."

그래서 나는 그 인장을 받았다. 그러고는 부채에 이별시를 써서 주었다.[13]

임백연은 1836년 동지사은사冬至謝恩使, 동지사와 사은사를 겸한 사신단의 서장관인 조계승趙啓昇을 수행하여 연행을 했다. 이때 상사 신재식申在植, 1770~1843은 추사와 교유가 깊었고 이상적이 그를 수행하였다. 추사와 교유가 깊은 인물들이 사신으로 떠나기 때문에 추사에게도 의미 있는 사행이었다. 이들을 통해 청조의 문사들에게 소식을 전할 수 있었고, 또한 청조 학단의 최근 정보를 입수할 수도 있었기 때문이다. 추사는 황산, 이재를 비롯한 여러 사람들과 신재식의 연행을 위로하는 잔치를 벌였다. 여기에 참석한 사람들은 시를 지어 신재식의 연행을 격려했는데, 추사는 이들의 시를 친필로 다시 쓰고 장첩粧帖, 두꺼운 종이를 붙여 책처럼 만듦한 다음 말을 달려 의주義州에 머물고 있던 신재식에게 전해주었다. 중국에 가지고 가서 청나라 문사들의 비평과 그들의 글을 받아오게 하기 위함이었다. 현재 간송미술관에 소장되어 있는 『신취미태사잠유시첩申翠微太史暫遊詩帖』이 바로 그것이다.

임백연의 기록을 통해서 보면 황산이 추사와 이재의 인장을 자신이 가지고 있던 서화에 찍었던 것은 그 유래가 있었던 것이다. 그런데 이들의 우정은 여기서만 확인되는 것이 아니다. 추사가 보낸 편지에도 이들의 우정은 잘 나타나 있다.

『설사雪史』『팔시강목八時綱目』『어양시초漁洋詩抄』 3종을 잠시 빌려주십시오. 이곳에서 이틀 동안 소일거리로 삼으려고 합니다. 섭례葉隸에게 제 서가를 찾아보라고 했는데 아직 찾지 못해서 그렇습니다. 찾는 대로 보내드리겠습니다. 저한테 있지 않으면 틀림없이 죽림竹林, 김유근의 별호, 이재를 벗어나지 않았을 것이므로 찾기가 어렵지는 않을 것입니다.[14]

추사가 대궐에서 숙직을 하다가 소일거리를 하기 위해 책을 빌려달라고 부탁하는 편지이다. 그런데 보고 싶은 책이 자신에게도 있지만 하인이 찾지 못하자 찾을 때까지만 빌려달라는 부탁을 하고 있다. 흥미로운 점은 만일 그 책이 자신의 집에 없으면 김유근이나 권돈인에게 있을 거라는 추사의 말이다. 이들은 중국에서 구해온 귀한 책이나 자료를 다른 사람들에겐 잘 보여주지 않았지만 자신들끼리는 서로 돌려가며 보았던 것이다. 이들의 관계는 황산의 말처럼 돌처럼 단단한 석교石交였던 것이다. 그런데 이 삼총사 중 한 사람이 멀리 바다 밖 제주도로 유배를 떠나게 된 것이다. 그것도 무슨 특별한 잘못을 해서 그런 것이 아니라, 그야말로 정치적 희생이었다. 떠나는 사람이나 남아 있는 사람이나 심사가 어떠했을까? 참담함 그 자체였을 것이다.

그런데 제주도에 도착한 다음해, 추사에게 청천벽력 같은 소식이 날아들었다. 황산의 부음이 전달된 것이었다. 황산은 추사를 유배에서 벗어날 수 있게 해줄 가장 큰 희망이었는데, 이제 그 희망이 사라져버린 것이다. 권돈인에게 보낸 추사의 답장에는 그 슬픔이 절절이 배어 있다. 추사는 제주에서 편지 쓰는 것을 낙으로 삼았다. 그중에서도 권돈인에게 가장 많은 편지를 보냈다. 권돈인에게 보낸 63통의 편지를 필사한 『척독尺牘』이 따로 전하고 있는데, 다른 편지들은 모두 그의 문집에 실려 있지만 이상하게도 이 한 통의 편지만은 누락되어 있다.

푸른 바다와 파란 하늘이 겨울을 지나 봄을 건너고 있는데도 아무런 소식이 없군요. 마치 고목나무 집에서 세상일을 전혀 모르고 단절된 채 지내고 있는 듯합니다. 멀리 떨어져 있는 게 두렵거나 정신이 몽롱해져 미쳐버릴 것 같은 이런저런 업보는 없지만, 옛 친구들에 대한 그리움은 풀어버릴 수가 없어 때로는 산을 옆구리에 끼고 바다를 뛰어넘고 싶습니다. 느닷없이 2월 그믐께 새해 10일에 보낸 편지를 받았습니다. 편지 왕래하는 데 걸핏하면 많은 시일이 걸리지만 이 편지처럼 오래 걸린 적은 근래에 없었습니다. 몸은 멀리 떨어져 있지만 마음만은 책상 옆에 있는 것처럼 가깝게 느껴집니다. 끝도 없는 원망을 품고 산속에 갇혀 지내면서 이런 즐거움이라도 있어야 하지 않겠습니까?

통곡할 일입니다. 황산은 어찌 된 일입니까? 그가 정말 우리를 버리고 아무런 말도 없이 멀리 가버렸단 말입니까? 이 몸을 백 번 꺾고 천 번 갈아도 한 오라기 목숨을 이어온 것은 이 사람이 있었기 때문이었습니다. 이 사람이 이미 죽었으니 제 목숨은 앞으로 어찌해야 합니까? 영원히 없어지지 않을 큰 은혜를 갚을 길도 없고, 천고에 처음 있는 기막힌 억울함을 하소연할 곳도 없게 되었습니다. 넓디넓은 이 땅에서 앞으로 어디에 의지해야 한단 말입니까? 죽지 못한 한 오라기 목숨은 앞으로 어디에 의존하여 연명해야 한단 말입니까? 대감께서는 이 사람을 대신하여 술 한 잔을 올리고 통곡해주십시오. 그 사람은 나라의 어려운 일들을 훌륭히 처리하며 큰 공적을 세웠고, 우주를 들어 올릴 만한 큰 의리를 가졌습니다. 해나 달보다도 조정을 더 높였고, 한 시대를 반석 위에 올려놓았습니다. 군자는 그를 믿었고 소인은 그를 꺼려했습니다. 이 때문에 나라 사람들이 함께 칭송하고 함께 슬퍼하는 것입니다. 먼 곳에 있는 사람들까지도 애도하지 않는 사람이 없으니 사람들 마음이 똑같다는 것을 알 수 있습니다. 어쩌면 그렇게 사람들 마음속 깊이 파고드는지요? 그사이 날짜를 따져보니 벌써 구천九泉 아래쪽 사람이 되어 있겠고, 장례도 이미 끝마쳤겠습니다. 흐르는 눈물이 수건을 적시는 것은 물론이고, 까닭 없이 가슴속에 쌓여 바다처럼 끝이 없습니다. 이 사람의 개인적인 슬픔이야 끝이 있겠지만, 이상한 것은 그 사람이 양자養子를 정한 뒤로 왕래가 끊긴 것입니다. 귀신이 농간을 부린 듯이 하늘이 조화를 부린 듯이 공교롭게도 모든 일이 어긋나고 나서야 그쳤습니다. 결국 이 지경에 이르고 말았으니 도대체 무슨 까닭인지요? 그 사람의 처자식들에게 은혜를 갚고 싶었는데〔羊舌下泣, 邱成還璧〕마침내 그렇게 할 곳이 없어졌습니다. 하늘이 이렇게 한 것일까요? 사람이 이렇게 한 것일까요? 삶과 죽음의 사이에서 여기에 그치고 말뿐인가요? 대감께서도 이 세상에서 갈팡질팡 갈 곳 몰라하며 외롭게 혼자서 지내시겠군요. 어딜 가든 그 사람이 생각나지 않는 곳〔車過腹痛〕이 있겠습니까? 누구와 함께 마주할 것이며, 누구와 함께 이야기할 것이며, 누구와 함께 지낼 것인지요? 긴긴 세월을 어떻게 견디시렵니까?

저는 이 슬픈 소식을 들은 뒤로 미쳐버린 것 같고 정신이 나가버린 듯하여 갑자기 삶의 방향이 없어졌습니다. 하늘을 향해 혀를 차고 밥상을 대하면 수저 드는 것을 잊어버릴 정도입니다. 깊은 잠에 들지 못해 베개를 밀치고 갑자기 일어났다가 무료해지면 다시 누워보지만 말똥말똥하여 잠을 이루지 못합니다. 매번 마음을 안정시키려 해보지만 돌멩이가 목구멍에 걸린 듯하고 대못이 가슴에 박혀 있는 듯합니다. 몰골은 날마다 말라가고 정신도 따라서 나가버리는 것 같습니다. 아무리 생각해봐도 수습할 방도가 없습니다. 요즘에는 다시 장습瘴濕, 축축하고 무더운 지역의 독기이 시작되어 비가 오지 않고 구름이 끼지 않는 날이 없는데 구름이 비보다 더 심합니다. 여기저기 뭉쳐 있다가 떼 지어 내려와 문을 감싸고 창문을 삼키며 잠겨 있다가 낮이면 바뀝니다. 팔뚝의 통증은 배나 심하고 뼈마디는 굽어 펴지지도 않지만 치료할 방책이 없습니다. 유종원이 점을 쳐서 재앙을 풀고자 한

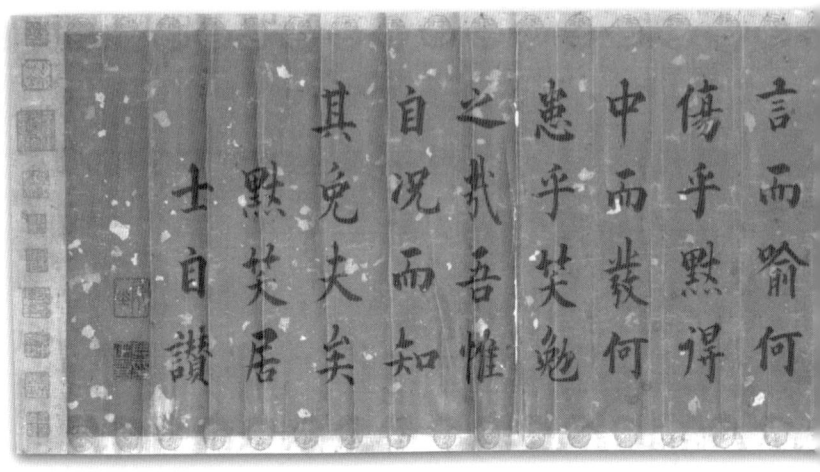

〈묵소거사자찬〉, 국립중앙박물관 소장 | 김유근이 짓고 추사가 썼다. 묵소거사는 김유근의 호이다.

것이나 소동파가 태식법胎息法, 도가에서 행하던 호흡법의 하나으로 오래 살기
를 도모한 것과 같은 일은 모두 한가한 사람들의 일입니다. 어찌 따라 할
수 있겠습니까? 보내주신 이향㡾香은 몸에 차고 다닙니다. 마치 마음을 안
정시켜주는 부적과 같습니다. 이따금 향을 맡으며 미인美人인 듯 여기지만
이 또한 바닷가의 역한 냄새를 중화시킬 뿐입니다. 『주역周易』에 "글로는
하고픈 말을 다 표현할 수 없고, 말로는 마음속 깊은 뜻을 모두 다 표현할
수 없다"고 했습니다. 그렇다면 글은 말을 표현하는 수단이 아니고, 말은
마음속의 뜻을 제대로 표현할 수 있는 도구가 아닐 것입니다. 하물며 말로
는 마음속의 뜻을 제대로 표현할 수 없고, 글로는 하고 싶은 이야기를 모두

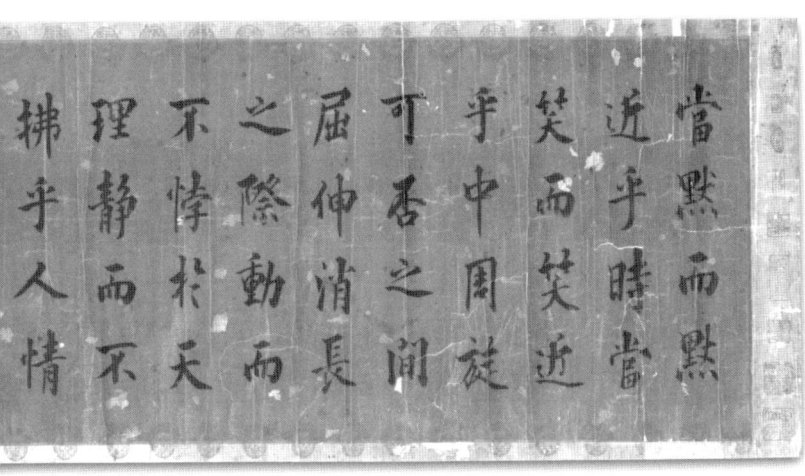

佛乎人情　理靜而不　不悖於天　之際動而　屈伸消長　可否之間　乎中周旋　笑而笑近　近乎時當　當默而默

표현할 수 없는 것 아니겠습니까? 외람되지만 잘 헤아려주시기 바랍니다.[15]

황산은 오래전부터 병석에 누워 있었다. 1837년 겨울에 병을 얻어 말도 하지 못하고 누워만 있었다. 황산은 이런 자신의 상황을 빗대 '묵소거사默笑居士'란 호를 사용하기도 했다. 또 「묵소거사자찬默笑居士自讚」이란 글을 지어 자신의 처지를 노래하고, 추사는 이를 친필로 써서 황산에게 전해주기도 했다. 병중에도 그들의 우정은 변함없었던 것이다. 그러다가 추사가 제주도로 유배를 떠난 그해 겨울, 1840년 12월 17일에 끝내 숨을 거두고 말았다. 추사는 권돈인이 1841년 1월 10일에 보낸 편지를 2월 말경에야 받아보고 그 사실을 알게 된 것이었다. 그야말로 마른하늘에 날벼락이었다. 평소 지기知己로 여기며 지냈던 그들이었기에 슬픔과 안타까움은 말로 다할 수 없었다. 추사 자신이 지금까지 살아남아 있는 것은 모두 황산이 도와줄 것이란 믿음이 있었기 때문이라고 술회하고 있다. 숱한 고초를 겪으면서 끝까지 살아남기 위해 몸부림쳤던 것도 황산이라는 믿는 구석이 있었기에 가능했던 것이다. 황산은 추사의 희망이었고, 그로 인해 추사는 머지않아 이 힘든 제주도의 삶에서 벗어날 수 있으리라 여겼다. 그랬기에 추사는 황산을 조금도 원망하지 않았던 것이다. 그런 황산이 죽었으니 이제 어찌해야 한단 말인가? 이렇게 기막히고 억울한 심정을 이제 누구에게 말해야 한단 말인가? 이 넓은 세상에서 누구를 믿고 살아야 한단 말인가? 이제 믿을 건 이재밖에 남지 않았다. 이후 추사는 오로지 권돈인과의 우정으로 여생을 지탱하게 된다.

'차과복통車過腹痛'이란 고사가 있다. 『삼국지』에 나오는 조조曹操의 이야기이다. 조조의 어린 시절 친구인 교현橋玄은 조조와 이런 농담을 하였다. 만일 자신이 죽은 뒤에 조조가 자신의 무덤을 지날 때마다 술과 안주를 가지고 와서 제사를 지내주지 않으면, 수레가 세 걸음도 가지 않아 배가 아프게 될 텐데, 그렇다 해도 절대 자신을 탓하지 말라고 말이다. 이런 농담은 어지간히 친한 사이가 아니고선 결코 쉽게 할 수 없는 이야기다. 죽은 뒤 무덤을 지나면서 술과 안주를 가져다 제사를 올려주지 않으면 세

걸음도 가지 않아 배가 아프게 될 정도로 친한 친구들 말이다. 추사와 권돈인과 황산은 바로 그런 친구 사이였다. 그런데 추사의 이 편지에는 중요한 이야기가 하나 들어 있다. 바로 황산과의 우정에 관계된 일이다. 추사는 두 가지 고사를 이야기한다.

먼저 『공총자孔叢子』「진사의陳士義」에 나오는 이야기이다. 후성자邸成子가 노魯나라에서 진晉나라로 사신을 가는 길에 위衛나라를 지나게 되었다. 우재右宰 벼슬에 있던 곡신穀臣이 수레를 멈추게 하더니 잔치를 베풀어주었다. 하지만 악대樂隊는 준비해놓고 음악을 연주하지도 않았으며 보벽寶璧, 아름답고 귀한 구슬을 보내주기까지 했다. 후성자는 돌아가는 길에도 위나라를 지나갔지만 작별인사를 하지 않았다. 그러자 그의 하인이 물었다.

"지난번 우재께서는 어른을 위해 잔치를 베풀고 매우 즐겁게 해주셨는데, 지금 지나가면서도 작별인사를 하지 않는 것은 무슨 까닭입니까?"

후성자가 말했다.

"수레를 멈추게 하고 내게 잔치를 베푼 것은 나와 함께 즐기자는 것이었고, 악대를 준비시켜놓고서 음악을 연주하지 않은 것은 내게 자신의 슬픔을 알린 것이었다. 그리고 내게 보벽을 보낸 것은 자신의 몸을 내게 맡긴다는 뜻이었다. 이를 보면 위나라는 난리가 날 것이다."

위나라를 지나 30리쯤 가자 영희寧喜, 위나라의 대부大夫가 난을 일으켰다는 소식이 들렸다. 우재는 이 난리통에 죽었다. 후성자는 수레를 돌려 가서 세 차례 곡을 하고 돌아와 임금께 이를 아뢰었다. 그러고는 사람을 시

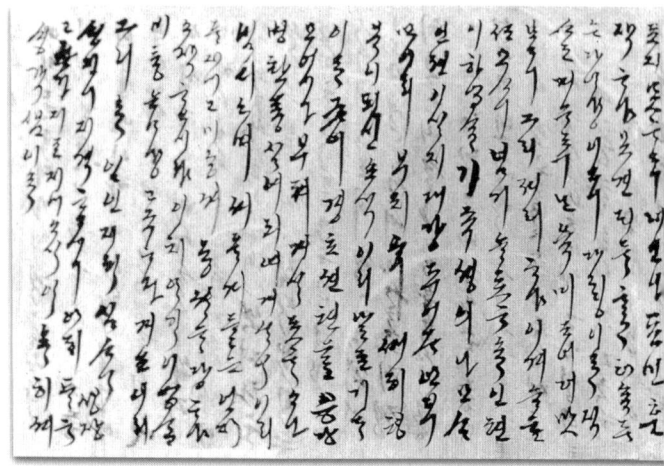

추사의 한글 편지, 소장처 미상 | 추사가 부인이 사망한 다음날에 한글로 쓴 친필 편지이다.

켜 우재의 처자식을 데려다 옆집에 살도록 하고, 재물을 나눠 그들이 먹고 살 수 있게 했다. 훗날 그 아들이 장성하자 그에게 보벽을 돌려주었다.

또하나는 양설씨羊舌氏에 관한 고사이다. 그의 이름은 숙향叔向인데, 사마후司馬侯의 아들을 만나자 그의 등을 어루만지고 눈물을 흘리며 이야기했다.

"이 사람 아비가 죽은 뒤로 나는 함께 임금을 섬길 만한 사람이 없어져버렸다. 옛날에는 이 사람 아비가 일을 시작하면 내가 마무리를 했고, 내가 일을 시작하면 그 사람이 마무리를 하였다."

두 이야기 모두 친한 친구가 죽은 다음, 그들의 처자식을 돌봐준 사연을

담고 있다. 추사와 황산은 바로 이 고사 속의 인물인 양 우정을 자랑했었
다. 그런데, 추사의 편지에 따르면 황산과 추사는 추사가 유배 가기 얼마
전부터 갑자기 사이가 멀어졌고, 추사는 그 까닭을 알 수가 없었다. 다만,
그 시점이 묘하게도 황산이 양자를 들인 뒤부터였다고 기억하고 있다. 그
때부터 황산과 왕래가 끊기게 되었던 것이다. 아무리 생각해도 추사는 그
까닭을 알 수가 없었다. 1839년 겨울, 추사는 초의艸衣, 추사와 가장 친했던 승
려가 그려 보낸 관음상觀音像을 황산에게 선물하였고, 황산은 초의가 지은
찬사讚辭, 칭찬의 글를 관음상 아래쪽에 직접 써넣어 소장하려고 했다.[16] 그
것이 불과 얼마 전의 일이었다. 그런 자신들의 우정이 어쩌다 이 지경에

이르렀는지 도대체 알 수 없었다. 이 때문에 추사의 슬픔은 더욱 깊었고, 아쉬움은 더욱 길었다. 오해를 풀지도 못한 채 죽음에 이른 황산에 대한 미안함, 자신을 구해줄 유일한 사람이었던 황산에 대한 아쉬움이 그의 가슴 깊은 곳에서 끓어오르고 있었다.

슬픔은 여기서 그치지 않았다. 추사는 두번째 아내인 예안禮安 이씨와 사별하는 아픔을 겪게 된다. 1842년 11월 13일이었다. 그러나 부인의 죽음을 알 리 없는 추사는 부인이 죽은 다음날인 11월 14일에도 편지를 쓰고 있었다. 부인이 아프다는 소식을 듣고 안절부절못하면서 걱정이 되었기 때문이다.

경득에게 보낸 편지는 언제 들어갔습니까? 그 뒤로는 배편의 왕래가 막혀 소식을 오랫동안 듣지 못했더니 어느덧 동지冬至가 다가왔습니다. 편찮은 몸은 어떠십니까? 그 증세를 갑자기 떨쳐버리기 어렵지만 그동안 병세는 어떻습니까? 벌써 석 달이 넘어 원기가 쇠해 있을 것이라 생각되니 너무도 걱정이 됩니다. 먹고 주무시는 것은 어떻습니까? 그동안 무슨 약을 드셨습니까? 아주 자리보전하고 지내는지요? 너무도 염려되어 갈수록 가만히 있지 못하겠습니다.[17]

부인이 아프다는 소식을 전해 들었지만 인편이 없어 소식을 알지 못하자 다급한 마음에 보낸 편지다. 부인의 병세가 걱정되어 전전긍긍하는 추사의 모습이 눈에 보일 듯이 묘사되어 있다. 그러다 추사는 뭔가 불안한 느낌이 들었는지 다시 붓을 들었다. 그사이 본관이 부임하는 편에 동생 상희의 편지를 받아 보았는데, 병환이 계속되고 있다는 소식을 들은 것이었다. 여러 달을 그렇게 병석에 누워 있는 아내 생각에 추사는 잠을 이루지 못했던 것이다. 참으로 안타까운 일이었다. 부인의 사망 소식도 모른 채 편지를 쓰고 있었으니 말이다. 그로부터 한 달이 지난 12월 15일, 추사는 부인 예안 이씨의 부음을 듣게 된다. 추사는 제문을 지어 집으로 보냈다. 제문이 도착하면 제수를 차리고 부인의 영전에 제문을 읽어달란 부탁도 하였다. 추사의 애도문에는 당시 그의 심경이 그대로 담겨 있다.

아! 나는 형벌을 받을 때도 제주도에 유배되었을 때에도 마음이 흔들리지 않는데, 이제 부인의 상을 당해서는 놀라움에 어찌할 바를 모르고 그 마음을 진정할 수 없으니 이 무슨 까닭인가요. 아! 모든 사람이 다 죽게 마련이지만 부인만은 죽어서는 안 되는 일이었습니다. 죽어서는 안 되는데 죽었으니 죽어서도 지극한 슬픔을 머금고 기막힌 원한을 품어서 뿜어내면 무지개가 되고 맺히면 우박이 되어 족히 지아비의 마음을 뒤흔들 수 있는 것이 형벌보다도 유배보다도 더욱더 심했던 게 아니겠습니까. 아! 삼십 년 동안 그 효행과 그 덕망은 종당宗黨에서 칭찬했을 뿐만이 아니라, 친구와 외인外人들마저도 칭송하지 않는 자가 없었습니다. 그러나 이는 사람의 도리상 당연한 일이라 하며 부인은 그 칭찬을 즐겨 받고자 하지 않았습니다.

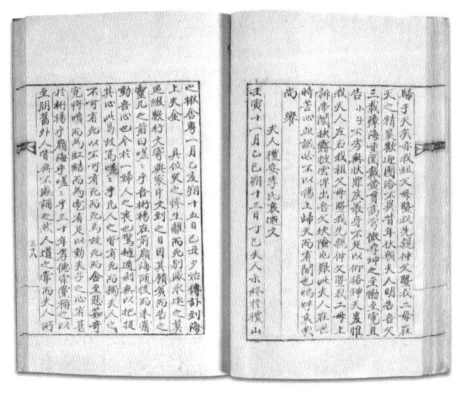

「부인예안이씨애서문」, 수경실 소장 | 부인 예안 이씨의 사망 소식을 듣고 지은 애도문이다.

나는 잊을 수 없습니다. 예전에 나는 장난 삼아 "부인이 죽는다면 내가 먼저 죽는 게 낫지 않겠소?"라고 했더니, 부인은 이 말이 내 입에서 나오자 크게 놀라 곧장 귀를 가리고 멀리 달아나서 들으려고 하지 않았습니다. 내가 한 말은 참으로 이 세상 부인들이 크게 꺼리는 일이지만, 그 실상을 따져보면 이와 같으니 내 말이 다 농담에서만 나온 것은 아니었습니다. 지금 끝내 부인이 먼저 죽고 말았으니 무엇이 유쾌하고 만족스러워서 나로 하여금 두 눈을 빤히 뜨고 홀로 살게 한단 말입니까. 푸른 바다와 같이 긴 하늘과 같이 나의 한은 끝이 없습니다.[18]

살아서 머나먼 유배지로 남편을 떠나보낸 부인의 심정이야 어찌 말로 다할 수 있었겠는가. 얼굴도 보지 못한 채 사별하고 말았으니 추사의 슬픔은 그칠 줄 몰랐다. 부인에 대한 회상은 그의 슬픔을 더욱 깊게 만들었다.

그리고 그 슬픔은 끝내 부인에 대한 원망으로 이어졌다. 부인에 대한 미안함이 원망으로 바뀐 것이었다. 추사는 시를 지어 다시 한번 부인의 죽음을 슬퍼하였다.

어떻게든 월하노인月下老人 저승 법정 세워놓고　　　　聊將月老訴冥府

내세에는 남편 아내 처지 바꿔 태어난 뒤　　　　　　來世夫妻易地爲

나 죽고 천리 밖에 그대 혼자 남게 하여　　　　　　我死君生千里外

나의 이 슬픈 심정 그대도 알게 하리.[19]　　　　　　使君知有此心悲

자신과 아내의 인연을 맺어준 월하노인을 저승의 법정에 세우리라. 그리고 다음 세상에서는 자신이 여자로 태어나고, 아내는 남자로 태어나게 하여 다시 부부의 연을 맺도록 하리라. 그런 다음 자신이 먼저 죽어 천 리 밖에 부인을 혼자 남게 하리라. 그때가 되면 부인도 나의 이 심정을 알게 되지 않겠는가? 어찌 이리 나를 혼자 두고 먼저 가버렸단 말이오? 그리움은 슬픔으로 원망으로 끝도 없이 번져갔다. 가장 절친한 친구 황산을 떠나보낸 뒤 2년 만에 추사는 사랑하는 아내와 긴 이별을 했다. 세상에서 가장 아끼던 두 사람을 얼굴도 보지 못하고 유배지에서 떠나보낸 추사의 심정을 무엇으로 설명할 수 있겠는가.

반대파들의 박해도 끊이지 않았다. 이런저런 핑계를 대며 추사를 직간접으로 괴롭히는 수령도 있었다. 상황이 이렇다보니 서울의 친구들과는 점차 소식이 끊어졌다. 젊은 시절 그렇게도 친하게 지내던 친구들마저 소식 한 통 전해오지 않았다. 그나마 추사를 곁에서 끝까지 도와준 사람들은 초의艸衣 같은 승려나 여항 지식인들이었다. 그들은 추사를 믿고 따르며 그 험한 바닷길을 헤치고 죽음을 무릅쓴 채 추사를 찾아가 위로하였다. 이제 추사가 의지할 수 있는 것은 책뿐이었다. 오직 책을 벗 삼아 지낼 뿐이었다. 이상적은 그런 추사의 심정을 누구보다도 잘 이해하고 있었다. 사행을 갈 때마다 연경에서 최신 서적들을 구해와 추사에게 보내주었다. 그것들은 모두 쉽게 구할 수 없는 책들이었다. 이상적은 추사를 위해서라면 무슨 수를 써서라도 필요한 책들을 구하여 제주로 보내주었다. 그뿐만이 아니었다. 이상적은 언제나 연경의 최근 소식을 전해주었다. 그 덕분에 추사는 몸은 제주에 있었지만, 연경의 소식을 손금 보듯 하며 지낼 수 있었다. 추사에게 이런 낙이라도 없었다면, 그 긴 고통의 세월을 견디기 어려웠을 것이다. 추사가 동생에게 보낸 편지에는 그런 이상적의 모습이 잘 나타나 있다.

이상적 군은 그사이 연경에서 돌아왔는가? 지난겨울에 부친 편지가 있었지만 연행을 이미 떠난 터라 미처 전해주지 못했다네. 그사이 혹시 영유댁永柔宅, 막내 동생 김상희에서 전해주었는가? 이 편지도 직접 가서 전해주도록 하시게. 만일 책 몇 종을 구해온 게 있으면 빨리 보내주는 게 어떤가. 하루하루 바라는 건 이 책들뿐이네. 책을 구하는 데 들어간 돈은 그 사람에게 자세히 물어서 잘 처리해주는 게 어떠한가? 대충대충 하지 말게나. 화전지花箋紙 너덧 권은 이군에게 물어서 가지고 온 게 있다면 얻어서 보내주는 게 어떤가? 여덟 줄짜리 화전지였으면 하네.[20]

이상적은 추사가 유배를 떠나기 전 이미 5차례에 걸친 연행을 했었다. 그는 연행할 때마다 추사를 위해 청나라 학계의 최신 정보를 전해주었고, 진귀한 서적들을 구해다주었다. 평소에 교분이 있던 사람들도 바다 밖 멀리 유배된 자신을 위해주지 않았다. 그런데 유배 가기 전이나 유배 간 뒤나 언제나 똑같이 자신을 대하고 있는 우선의 행동을 보면서 추사는 문득 『논어』의 한 구절을 떠올렸다. 「자한」편의 '세한연후지송백지후조歲寒然後知松柏之後凋'라는 구절이었다. 공자가 겨울이 되어서야 소나무나 잣나무가 시들지 않는다는 사실을 느꼈듯이, 사람도 어려운 지경을 만나야 진정한 친구를 알 수 있는 법이다. 어려울 때 친구가 진정한 친구라는 것도 이 때문이다. 추사는 우선이야말로 공자가 인정했던 송백松柏 같은 사람이라는 것을 깨달은 것이다. 우선에게 무언가 보답을 하고 싶었지만 바다 멀리 유배객 신세의 몸으로 할 수 있는 일은 아무것도 없었다. 이상적의 뒤를 봐줄 수도 없었고, 그에게 돈을 줄 수도 없었다. 할 수 있는 거라곤 자신의 마음을 전하는 것뿐이었다. 붓을 든 추사는 자신의 처지와 우선의 절개를 비유한 그림을 그려나갔다. 창문 하나 그려진 조그만 집 하나, 앙상한 고목의 가지에 듬성듬성 잎이 매달린 소나무 하나, 그리고 나무 몇 그루를

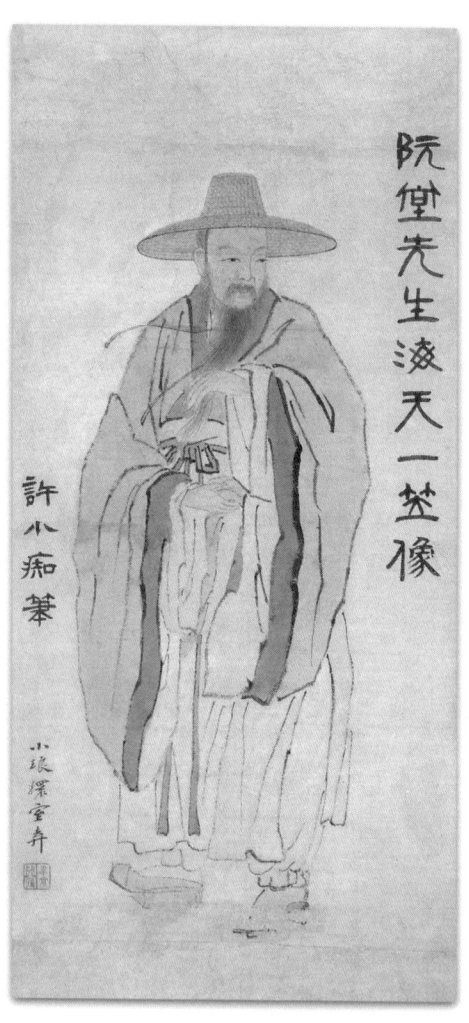

〈완당선생해천일립상〉, 아모레퍼시픽미술관 소장 ｜ 추사가 바닷가에서 삿갓을 쓰고 있는 모습을 소치 허련이 그렸다.

그랬다. 눈이 내린 흔적도 없지만 바라보기만 해도 한기가 느껴질 정도로 쓸쓸하고 썰렁했다. 집 안에는 누가 있을까. 추사 자신만이 혼자 남아 있을 것이다. 저 앙상한 나무들마저 없다면 그 쓸쓸함을 저 집 혼자 감당할 수 있을까 싶다. 추사는 또다른 종이 위에 칸을 치고 글씨를 써내려갔다. 자신의 심정을 우선에게 알리고 싶었던 것이다. 고맙네. 우선!

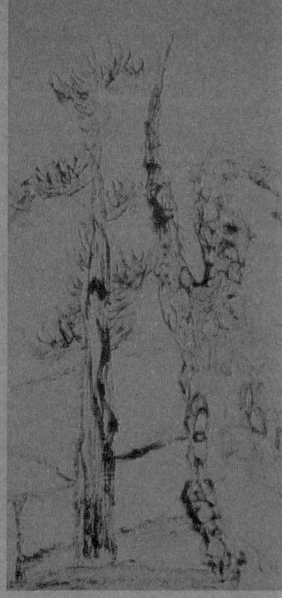

4

〈세한도〉,
그 황량함의
정체

〈세한도〉를 보는 순간 많은 사람들은 당황한다. 무슨 그림이 이렇게 생겼나는 표정이다. 이게 과연 그 유명한 〈세한도〉인가? 썰렁한 화면엔 붓을 쓱쓱 문질러 대충 그린 것 같은 나무 몇 그루와 이상하게 생긴 집만 덩그렇게 자리하고 있기 때문이다. 황량한 느낌 말고는 달리 생각나는 단어도 없다. 도대체 이 황량하고 썰렁한 분위기는 뭐란 말인가?

〈세한도〉를 보는 순간 많은 사람들은 당황한다. 무슨 그림이 이렇게 생겼냐는 표정이다. 이게 과연 그 유명한 〈세한도〉인가? 썰렁한 화면엔 붓을 쓱쓱 문질러 대충 그린 것 같은 나무 몇 그루와 이상하게 생긴 집만 덩그렇게 자리하고 있기 때문이다. 황량한 느낌 말고는 달리 생각나는 단어도 없다. 도대체 이 황량하고 썰렁한 분위기는 뭐란 말인가?

전통 시대의 그림은 민간이나 궁중의 직업화가들이 그린 그림과 문인들이 취미로 그린 그림으로 나뉜다. 특히 문인들의 그림을 송나라의 소식蘇軾은 '사인화士人畵'라 하였고, 명나라의 동기창董其昌은 '문인화文人畵'라 불렀다. 문인화는 원나라 때 크게 유행한 이래 회화사에서 하나의 큰 줄기를 형성하기에 이른다. 특히 문인화의 이론적 틀을 마련한 명나라의 동기창이 화풍을 남종화南宗畵와 북종화北宗畵로 나눈 뒤부터 문인화는 남종화로도 불리게 되었다. 그림이란 일차적으로 사물의 형상을 묘사하는 것이지만, 문인화는 사물의 형상을 묘사하는 데 중점을 두기보다는 작가의 마음을 묘사하는 데 초점을 두었다. 그림을 시처럼 생각한 것이다. 시가 글자를 통해 자신의 심사를 표현했다면, 그림은 붓 터치를 통해 자신의 심사를 표현하는 것이라고 여긴 것이다. 시가 청각적이라면 그림은 시각적일 뿐,

〈세한도〉, 손창근 소장 | 추사가 그린 〈세한도〉의 그림 부분.

그들에게 시나 그림은 표현 수단의 차이는 있을망정 목적은 동일한 것이었다. 따라서 그림을 평가할 때에도 묘사력보다는 품격을 이야기하게 된다. 그림은 사물의 형상을 똑같이 그려내는 게 중요한 게 아니라, 작가의 인품과 학식, 감정과 사상이 드러나야 한다는 것이다. 이런 의식을 잘 보여주는 것이 송나라 진여의陳與義, 자는 거비去非, 호는 간재簡齋의 「화장구신수묵매和張矩臣水墨梅」라는 시이다.

함장전 처마 밑에 봄바람이 살랑 불 때	含章檐下春風面
조물주 만든 매화 붓끝에서 살아난다.	造化功成秋兎毫
정신 표현 완벽하니 모습 같을 필요 있나	意足不求顔色似
전생엔 말을 보던 구방고九方皋였나보네.[21]	前身相馬九方皋

남조南朝 송나라 때 건물인 함장전含章殿 처마 밑에 매화가 피고 봄바람이 살랑살랑 불어올 때, 화가는 그 장면을 화폭에 담았다. 그런데 그 그림은 매화를 사실적으로 묘사한 게 아니었다. 하지만 진여의는 추운 겨울을 용케 견디고 이른 봄에 꽃망울을 터뜨린 매화의 정신이 잘 드러나 있다며 그림에 칭찬을 아끼지 않았다. 매화의 정신이 잘 표현되어 있는데, 모습이 같고 다른 게 뭐 그리 중요하냐는 것이었다. 이를 설명하기 위해 진여의는 구방고라는 인물을 끌어다 비유했다.

　백락伯樂은 말의 관상을 잘 보기로 유명한 인물이었다. 당시 말은 중요한 군수물자였다. 당연히 좋은 말을 고를 줄 아는 사람이 필요했다. 어느 날 진秦나라 목공穆公이 백락에게 말했다.

　"그대도 이제 나이가 들었군. 아들이나 손자 중에 좋은 말을 찾을 줄 아는 사람이 있는가?"

　백락이 말했다.

　"좋은 말은 체형, 모습, 골격으로 알 수 있습니다. 그러나 천리마千里馬는 있는 듯 없는 듯하고, 맞는 듯 아닌 듯합니다. 이런 말은 아주 빨리 달리지만 먼지를 일으키지도 않고, 수레를 끌어도 바퀴 흔적을 남기지 않습니다. 제 아이들은 모두 보통 수준의 사람들입니다. 좋은 말을 말씀드릴 정도는 되지만 천리마를 알려드리지는 못합니다. 제 친구 중에 구방고란 사람이 있는데, 이 사람의 감별능력은 저와 견주어 떨어지지 않습니다. 그를 한번 불러보시죠."

그냥 좋은 말이라면 말의 골격이나 생김새 등을 통해 알 수 있지만, 최상의 말인 천리마는 그렇게 구분할 수가 없다는 것이다. 천리마를 알아내는 것은 보이는 부분이 아니라 보이지 않는 잠재력을 찾아낼 수 있어야 하기 때문이라는 것이다. 백락은 자신의 자손들 중에는 그런 능력을 가진 사람이 없다며, 자신의 친구 구방고를 추천한다. 그러자 목공은 구방고를 불러 천리마를 찾아오도록 했다. 석 달 만에 돌아온 구방고가 말했다.

"찾았습니다. 사구沙丘 지명에 있습니다."

목공이 물었다.

"어떤 말이냐?"

구방고가 대답했다.

"암말인데 누런색입니다."

사람을 시켜 말을 데려오게 했는데, 수말인데다 검정색이었다. 목공은 기분이 좋지 않아 백락을 불러 말했다.

"안 되겠네. 자네가 추천한 사람은 말의 색깔이나 암수도 구분하지 못하던데, 천리마를 어찌 알아내겠는가?"

그러자 백락은 한숨을 쉬더니 말했다.

"구방고의 말을 보는 능력이 이런 경지까지 도달했군요. 저 같은 사람은 천 명 만 명이 와도 그에게 미치지 못합니다. 구방고가 본 것은 내재되어 있는 말의 잠재능력입니다. 말의 가장 중요한 부분을 보았으니 그 밖의 것은 대수롭지 않게 여기는 것이지요. 내면적인 능력을 보았으니 외형적인 것은 무시한 것입니다. 봐야 할 것은 보고, 보지 않아도 되는 것은 보지 않는 것입니다. 보이는 것은 보고, 보이지 않는 것은 남겨두는 것입니다. 구방고처럼 말을 보는 것이 가장 중요한 것입니다."

이후 말이 도착했는데 과연 천리마였다.

진여의가 매화 그림을 보고 칭찬한 것은 매화의 겉모습이 똑같이 그려졌기 때문이 아니라, 매화가 가지고 있는 그 의미의 표현력에 있었던 것이다. 보이지 않는 면을 그려내는 능력, 그것이 바로 문인화의 품격을 좌우하는 것이라는 의미이다. 그것은 바로 구방고가 천리마를 감별하는 것과 같은 이치라는 것이다.

우리는 흔히 추사 김정희가 추구한 세계를 '학예일치學藝一致'라는 말로 표현한다. 이 말을 뒤집어보면 추사 이전에는 학문과 예술이 분리되어 있었다는 의미가 된다. 왜 그랬을까? 추사는 당시 조선 사회에는 명실상부한 문인화가가 없다고 생각했다. 그것은 조선 사회에 내재된 그림에 대한 편견 때문이기도 했다. 조선의 지식인들은 그림을 감상하는 것만으로도 완물상지玩物喪志라는 말을 의식해야 했다. 아끼고 좋아하는 것에 정신이 팔려 원대한 이상을 잃어버렸다는 비난 말이다. 그 때문에 직접 서화의 창작에 참여한다는 것이 쉬운 일은 아니었다. 하지만 18세기 후반, 청나라 지식인들과의 인적 교류가 확대되고 청조 문물의 유입이 가속화되면서 북학의 조류가 일세를 풍미하게 되었고, 이에 수반되어 나타난 문인들의 삶의 구조의 변화와 서화에 대한 인식의 변화는 괄목할 만한 것이었다. 이에

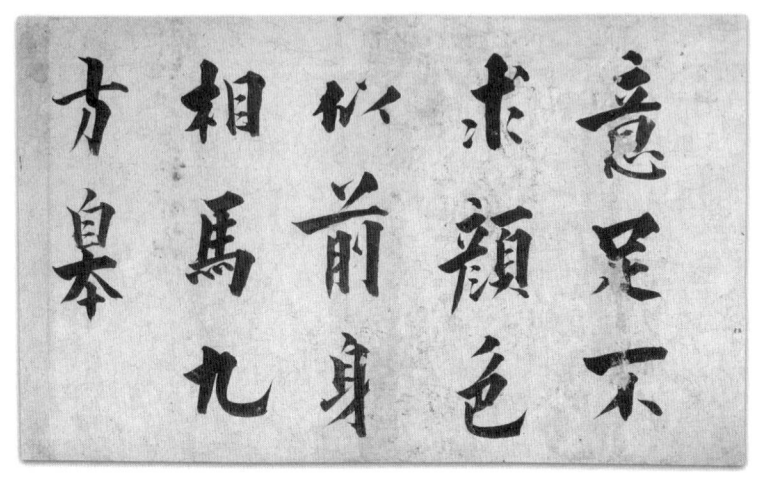

추사가 쓴 진거비(陳去非) 시구, 단계경독지실 소장 | 문인화의 의미를 상징적으로 표현한 시구이다.

관한 이계耳溪 홍양호洪良浩, 1724~1802의 언급은 주목할 만하다.

> 내가 중국을 두 번 여행하면서 보니 글을 짓고 시를 읊는 문인들 중에는 붓을 잡기만 하면 서화를 함께 다루지 않는 사람이 없었다. 그런데 우리나라 사대부들은 그림을 잡기雜技로 지목하면서 배우려 하지 않는다. 비록 배우지 않았더라도 타고난 재주로 잘하는 사람이 있으면 문득 서로 바라보며 그를 조롱한다. 이는 상형象形의 근원을 알지 못하기 때문이다. 심하구나, 고루함이여![22]

홍양호는 두 번에 걸친 연행을 통해 청조의 문사들과 교류하였다. 그들의 만남에는 언제나 그림이 있었고 시가 따랐다. 그림은 이미 문인들 삶의 중요한 요소가 되어 있었다. 반면에 조선의 지식인들은 화가를 백안시하는 경향이 있었다. 당연히 드러내놓고 자신의 그림 실력을 자랑하는 법이 없었다. 어쩌다 타고난 재능이 있는 사람들도 자신의 재능을 감추기 일쑤였다. 추사는 이러한 시기에 문인들이 서화에 대한 지식을 가지고 서화의 감상뿐만 아니라 창작에도 참여해야 한다고 강조했던 것이다. 더구나 서화에 대한 지식은 청나라 지식인들과의 교류에서 필수적인 조건이었다. 서화를 제대로 모르면서 그들과 제대로 된 교유를 한다는 것은 생각조차 하기 힘든 일이었다. 당연히 추사는 서화와 관련된 서적을 탐독하고 직접 창작에 참여하였다. 추사가 젊은 시절부터 그림에 빠져 있었던 데에는 이런 시대적 배경이 있었다.

추사에게 그림은 하나의 학문이었다. 그에게 그림은 경학과 마찬가지로 중요했다. 그는 학문의 최고 경지에 도달하기 위해 어떻게 해야 할 것인지를 연구했다. 그것은 목적지에 도달하기 위한 최적의 루트, 즉 문경門徑을 찾는 것이었다. 이것은 경학뿐만 아니라, 시서화詩書畵를 비롯한 추사 학문 전반에 걸쳐 나타나는 가장 중요한 방법론이다. 당시 조선에서는 고증학이나 훈고학을 비판적인 시각으로 바라보았다. 그것은 청나라 학자들이 훈고학에 지나치게 매몰되어 경전 본래의 의미를 추구하는 데 소홀했다고 여겼기 때문이다. 그렇지만 추사는 한나라의 경학을 높이 평가했고, 한나라의 유학자를 높이 받들어야 한다고 여겼다. 그들의 특기인 훈고학을 열

〈이계 홍양호 초상화〉, 소장처 미상 | 홍양호 73세 때의 초상화이다. 홍수보(洪秀輔)
가 찬문을 짓고 조윤형(曺允亨)이 글씨를 썼다.

심히 공부해야 한다고 주장하였다. 왜 그랬을까?

추사는 비유를 통해 설명했다. 한나라의 학자든 송나라의 학자든 그들이 추구한 것은 성인의 도道인데, 성인의 도란 비유하자면 갑甲이란 사람의 저택과 같은 것이다. 그곳의 주인은 언제나 마루와 방 안에서 생활한다. 그 주인을 만나려면 정해진 문을 거쳐 들어가야 한다. 즉, 문경門徑을 통해 들어가야 한다. 마찬가지로 경학에도 문이 있는데, 그 문이 바로 훈고학이라는 것이다. 방 안에 들어가기 위해 문을 거쳐야 하듯이, 성인의 도를 제대로 알려면 그 문경인 훈고학을 열심히 공부해야 한다는 논리이다. 훈고학을 공부하지 않는 사람은 어떻게 될까? 추사는 길을 잃은 사람과 같다고 말한다. 이것은 마치 갑의 집에 들어가야 할 사람이 길을 잃어을의 집에 가서는 기둥이 몇 개이고 방이 몇 개이고 하며 떠드는 것과 같다는 것이다. 제대로 된 문경을 찾는 것이야말로 학문의 요체라고 여긴 것이다.

시詩를 이야기해보자. 추사는 시론에서 가장 높은 경지에 이른 인물로 두보杜甫를 꼽는다. 그렇다고 곧바로 두보를 배우라고 하지는 않는다. 두보의 시를 배운다고 해서 두보의 경지에 오르는 게 아니라고 보았기 때문이다. 그렇다면 어떻게 해야 하는 것일까? 추사는 두보에 이르는 문경을 따라가면서 차근차근 공부해야 한다고 설명한다. 당대 대가들의 시를 배우고, 명나라로 거슬러 올라가 명나라 대가들의 시를 배운 다음, 원나라 대가들의 시를 거쳐 당나라에 올라가 두보의 시를 배우라는 것이다. 이렇게 문경을 따라가면서 배워야 두보의 시를 제대로 배울 수 있다고 믿었다. 추사는 왜 이런 이야기를 했을까? 두보의 시를 배우고 싶다고 두보의 시만 죽어라 공부해봐야 두보의 아류밖에 되지 않는다는 사실을 추사는 너무도 잘 알고 있었기 때문이다. 비슷할지는 몰라도 진짜 두보의 경지에는 이를 수 없다는 것이다. 문경을 따라가면서 제대로 공부하지 않으면 두보를 뛰어넘는 시인이 될 수 없다는 것을 의미한다.

이것은 글씨에도 그대로 적용된다. 왕희지의 글씨를 아무리 열심히 배운다고 한들 그를 뛰어넘을 수 없는 것은 물론이고 그의 경지에도 이를 수 없다는 것을 추사는 잘 알고 있었다. 그 때문에 글씨에서도 문경을 강조했다. 문경을 통해 차근차근 공부해나가야 한다고 본 것이다. 먼저 청나라 지식인들 중 대가들의 서법을 익힌 다음 그들을 통해 명나라 원나라의 대가들을 거쳐 왕희지까지 거슬러 올라가고, 그 이전 사람들의 세계로 거슬러 올라가야만 왕희지를 뛰어넘는 대가가 될 수 있다고 보았다. 추사가 한석봉이나 이광사 같은 조선의 대가들을 무시하는 발언을 한 배경에는 그런 생각이 있었던 것이다. 누군가의 아류가 아니라 새로운 세계의 창조를 꿈꾸었기 때문에 가능했던 일이다. 중요한 것은 그 자신의 '추사체'가 바로 그런 과정을 거쳐 완성되었다는 사실이다.

그림에서도 예외는 아니었다. 추사는 그림에서도 문경을 파악하는 일이 제일 중요하다고 여겼다. 추사가 그림에서 관심을 가진 분야는 크게 두 가지였다. 묵란화墨蘭畵, 수묵으로 그린 난초 그림와 산수화山水畵가 그것이다. 추사는 당연히 이 두 분야가 전혀 다른 문경을 설정해야 한다고 여겼다. 묵란화는 묵란화의 문경이 있고, 산수화는 산수화의 문경이 있다고 본 것이다. 〈세한도〉는 그중에서도 산수화의 연장선상에 있다. 그렇다면 추사는 산수화의 문경을 어떻게 설정했을까?

당송唐宋시대는 이미 멀어져서 접근할 사다리가 없습니다. 그래서 요즘 사람들의 그림은 태창일파太倉 一派, 청나라 왕원기를 시조로 하는 화파를 남종화의 적통으로 여기는데 황공망黃公望, 1269~1354, 중국 원나라 때의 문인화가을 표준으로 삼고, 예찬倪瓚, 1301~1374, 중국 원나라의 화가이자 시인의 거칠고 썰렁한 분위기를 참작합니다. 이들은 모두 적묵법積墨法으로 그립니다. 처음 시작하는 곳에서는 마른 붓에 묽은 먹을 쓰다가 점점 그 위로 먹을 쌓아갑니다. 산의 원근과 골짜기의 깊이, 나무의 농담이 바로 변화무쌍한 묵법에서 나오는 것입니다. 먹의 효과가 아니라면 그림이 아니라 그림을 찍어내는 인판印板일 뿐인데, 원근이나 깊이, 농담에 대해 무슨 할 말이 있겠습니까? 금대金臺, 연경의 어느 유명한 분이 소품의 산수화를 그리는데 아침에 시작하여 등불을 밝히고 나서야 먹을 거뒀습니다. 이것은 적묵법을 사용하여 그림을 그렸기 때문에 그렇게 더뎠던 것입니다.[23]

동기창으로부터 왕시민, 왕원기, 왕휘 등 여러 사람에 이르기까지 모두 황공망의 문경門徑에서 심오한 경지에 들어갔다.[24]

이를 보면 추사는 산수화의 전범을 원나라 화가들에게서 찾았다는 사실을 확인할 수 있다. 황공망, 예찬 등 원나라 대가들로부터 명나라 동기창에 이르고, 다시 청나라의 왕시민, 왕원기, 왕휘에 이르는 문경을 설정했던 것이다.

그런데 여기서 하나의 의문이 생긴다. 왜 추사는 문경의 시작을 당시 청나라 대가들에게서 찾은 것일까?

그것은 추사 자신의 철저한 경험을 바탕으로 하고 있다. 시서화는 물론이고 경학에서도 우리나라는 중국과 끊임없는 교류를 하면서 발전해왔다. 하지만 청나라가 들어서면서부터 조선의 지식인들은 중국과의 직접적인 교류에 소극적이었다. 청나라를 오랑캐로 여겨 문화 수준이 높지 않다고 생각했기 때문이다. 하지만 북학이 유행하면서 상황은 변했다. 청나라를 배워야 한다고 느끼기 시작한 것이다. 추사 역시 연행을 통해 옹방강, 완원을 비롯한 청나라의 지식인들과 직접 교유하기 시작했고, 당시 조선 문화를 객관적으로 되돌아보게 되었다. 특히 옹방강은 역대 서법書法의 흐름을 설명하며 지금 청나라 서법의 원류가 어떻게 발전해왔는지를 가르쳐주었다. 그뿐만이 아니었다. 붓을 쓰는 법, 먹을 쓰는 법, 그들이 사용하는 교재, 모두가 조선의 그것과는 너무도 달랐다. 이를 통해 추사는 모든 학문의 출발점이 지금 청나라 대가들로부터 시작해야 한다는 것을 깨닫게 되었다. 그들에게는 시서화는 물론이고 경학에서도 역대 학문의 요체가 면면히 이어져오고 있다고 생각하게 된 것이다. 따라서 지금 청나라 대가들을 통해 배우는 것이 가장 중요하다고 주장한 것이다. 그렇다면 그림에서 그 문경의 시작은 누구일까?

추사는 이미 십대 때부터 서화를 즐겼고, 많은 그림을 그렸다. 이후 연행을 통해 서화에 새로이 눈뜨게 되었다. 그런데 시나 글씨, 그리고 경학에서는 옹방강과 완원이 길잡이가 되어주었지만, 그림에서는 그들을 스승으로 삼을 수 없었다. 추사가 그토록 열심히 읽었던 옹방강의 시집인 『복초재시집』엔 그림을 읊은 시가 무수히 등장하지만, 그림의 이론적 배경을 다잡아줄 스승은 따로 찾을 수밖에 없었다. 추사는 주학년朱鶴年, 장심張深, 주위필朱爲弼 등을 비롯한 옹방강 주변의 여러 사람들과 그림을 주고받으며 어느 정도 영향을 받았고 이들을 통해 당시 청대 화단의 흐름을 이해했다. 또한 그들로부터 많은 그림을 받아 연구도 했다. 그중에는 섭지선이 보내준 『백운산초화고白雲山樵畵稿』도 있었다. 이 책은 청나라 건륭시대의 왕잠王岑이 원나라 사람들의 필법을 모방하여 그린 화첩畵帖이었다. 추사는 1839년 자신을 찾아온 소치小癡 허유許維에게 이 책을 주며 이렇게 말했다.

이 책은 원나라 사람들의 필법을 모방하여 그린 것이네. 이 그림들을 모방하여 그리고 나면 점점 깨닫는 게 있을 것이네. 그림 하나를 열 번씩 본떠 그려야 하네.[25]

세한도, 그 황량함의 정체

이를 보면 추사는 『백운산초화고』가 입문서로서 가치가 있다고 여긴 게 분명하다. 하지만 책에 실린 그림들이 추사가 생각하는 정도의 수준은 아니었다. 이들이 그림에서 추사의 문경론에 일정한 영향을 준 것은 사실이지만 절대적이었다고는 볼 수 없다. 그렇다면 추사가 그림에서 찾은 문경의 처음은 누구였을까? 그는 다름 아닌 장경이었다. 추사는 장경을 통해 중국 화론의 흐름을 이해하였고, 산수화의 문경을 만들어나갔던 것이다.

장경張庚, 1685~1760은 자가 부삼溥三, 호는 포산浦山, 미가거사彌伽居士, 과전일사瓜田逸史, 백촌상자白村桑苧 등이며, 산수화에 뛰어났다. 그의 산수화에는 원대 화가들의 풍모가 있었다. 그런데 그가 추사의 화론에 결정적인 영향을 준 것은 청대 화가들의 전기집인 『국조화징록』을 통해서였다. 이 책에는 청나라 초기부터 건륭 연간에 이르기까지 활동한 450명의 화가들에 대한 전기가 들어 있다. 추사가 가지고 있던 중국 화단에 대한 상당 부분의 정보는 바로 이 책을 통해 습득한 것이었다. 뿐만 아니라 그의 화론 또한 이 책을 통해 정립되었다고 할 수 있다. 현재 추사의 흔적이 남아 있는 『국조화징록』은 2종이 전해오고 있다. 그중 하나는 표지에 추사가 예서체로 쓴 제첨과 기록이 남아 있는데, 각 책의 표지와 책을 넣었던 함의 표지에는 다음과 같은 기록이 있다.[26]

정벽암貞碧盦 소장본이다. 묵연암墨緣盦이 세 번 뽑아 읽고 쓴다.[27]

정벽암 소장본이다. 무인년1818 가을 10월 16일에 묵연거사墨緣居士가

써준다.[28]

『화징록』 1함 2책. 시암詩盦이 쓰다.[29]

이 『국조화징록』은 2책으로 꾸며져 있는데, 추사의 기록을 보면 이 책은 본래 정벽암이 소장하고 있었다. 1818년 10월 16일, 추사는 정벽암이 가지고 있던 『국조화징록』을 읽어보고는 표지에 몇 글자 써주었던 것이다. 추사가 자신을 묵연암이라 한 것은 조수삼이 소장하고 있던 『정음전소장오운첩程音田所藏烏雲帖』에 쓴 제지題識에 보이지만 실물 자료는 처음 확인되는 것이다. 시암 역시 추사가 젊어서 사용하던 별호 중 하나이다.[30] 그런데 이 책을 가지고 있던 정벽암은 누구일까? 옹방강의 아들 옹수곤翁樹崑, 1786~1815은 일찍부터 추사를 비롯한 조선의 문인들과 교유하였다. 그

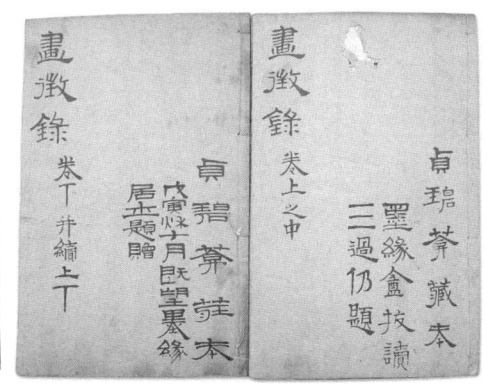

「국조화징록」, 계명대학교 동산도서관 소장

중에서도 추사 김정희, 자하紫霞 신위 및 정벽貞碧 유최관柳最寬과 가까웠다. 옹수곤은 자신의 자인 성원星原과 세 사람의 호에서 한 글자씩 가져다가 '성추하벽지재星秋霞碧之齋'라는 편액을 만들어 서재에 걸기도 했다. 정벽암은 바로 그 유최관의 별호이다. 유득공의 아들 유본학은 「정벽암기」에서 정벽이란 호는 대나무 그리기를 좋아하는 유최관의 성품을 보고 신위가 지어주었다는 사연과 함께 옹방강에게 글씨를 받아 걸었다는 이야기를 전하고 있다.[31] 이 『국조화징록』은 30대 초반 추사가 쓴 예서 및 해서의 기준을 새롭게 제공할 뿐만 아니라, 추사가 『국조화징록』에 얼마나 심취했었는지 알려준다.

또하나의 『국조화징록』은 추사가 직접 소장하고 있던 책이다.[32] 표제면은 '증정국조화징록增訂國朝畵徵錄'으로 되어 있으며 3책으로 이루어져 있다. 표지 제첨은 추사가 직접 '화징록'이라 써넣었다. 그런데 이 책 표제면 왼쪽에는 '내부도화정의지內附圖畵精意識'라는 문구가 있다. 안에 부록으로 『도화정의지』가 첨부되어 있다는 말이다. 하지만 이 책에는 『도화정의지』가 첨부되어 있지 않다. 대신 별도의 『도화정의지』 한 권이 전하고 있는데, 역시 추사가 직접 소장하고 있던 책이다. 아마도 추사는 『국조화징록』을 구한 시점이 아닌 다른 시기에 이 책을 구하여 함께 가지고 있었던 것으로 보인다. 이 책은 후지츠카의 논문에서 처음 언급되었지만, 그 종적을 감췄다가 1956년 국립중앙박물관 전시에 잠깐 모습을 드러냈다. 이후 다시 종적이 묘연하다가 최근 그 모습을 또다시 드러냈다. 여기에는 수십 방

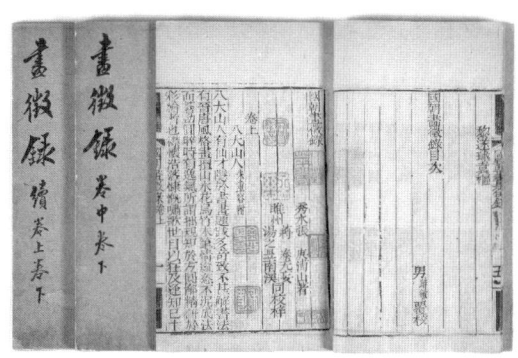

「국조화징록」, 수경실 소장 |
추사의 수택본 「국조화징록」
3책이다. 수십 방의 인장이
남아 있다.

의 인장이 책 표지는 물론 안쪽까지 빼곡히 찍혀 있다. 추사와 교유했던
청나라 학자 왕희손을 비롯하여 유최관, 김정희, 이병직의 인장들이다. 이
를 보면 이 책이 왕희손, 추사, 유최관 등의 손을 거쳐 이병직의 수중에 있
었다는 것을 알 수 있다.[33] 표지는 추사가 친필로 제첨을 썼고, 안쪽에는
곳곳에 붉은 관주貫珠, 중요한 구절이나 좋은 시문의 경우 글자 오른쪽에 둥근 모양의
표시를 한 것와 비점批點, 관주와 같지만 글자의 오른쪽에 점으로 표시한 것이 찍혀 있
다. 요즘으로 치면 밑줄 그어가며 열심히 읽었던 책이라는 말이다. 추사가
얼마나 탐독했는지를 보여주는 흔적들이다. 과연 추사는 어떤 부분에 표
시를 하며 탐독했을까? 추사가 표시해두었던 인물들을 살펴보면 다음과
같다.

왕시민王時敏, 1592~1680, 정수程邃, 양지楊芝, 왕감王鑑, 1598~1677, 왕휘王

翬, 1632~1717, 왕원기王原祁, 1642~1715, 황정黃鼎, 이선李鱓, 장종창張宗蒼, 금
농金農, 석도제釋道濟, 석보하釋普荷.

이들은 대부분 추사의 문집에 그 이름이 한 번씩 등장하는 인물들이다.
이들 중 화론에 관해서는 왕시민, 왕감, 왕휘, 왕원기, 장종창의 기록에만
표시가 되어 있다. 무엇을 의미하는 것일까? 왜 450명이나 되는 인물들
중에 유독 이 사람들에 관한 기록에만 표시한 것일까? 모두 태창화파에
속한 이들은 당시 남종화의 적통을 이은 사람들이었다. 이는 추사 화론의
근거가 바로 장경의 『국조화징록』에 있음을 암시하는 것이다. 이렇게 시
작된 장경의 영향은 여러 분야에서 확인할 수 있다. 그것은 화론, 감상, 그
리고 추사 산수화의 화풍에서 나타난다. 추사는 장경을 황공망에 이르는
문경의 첫머리로 삼았던 것이다.

먼저 추사 화론의 한 부분을 살펴보자. 추사 화론의 핵심을 보여주는 것
으로 자주 인용되는 글이다. 추사의 문집에는 「제조희룡화련題趙熙龍畵聯,
조희룡의 대련에 쓰다」이란 제목으로 실려 있다. 추사는 이글을 '화법유장강
만리畵法有長江萬里, 화법은 긴 강물이 끝없이 흘러가는 듯하고, 서세여고송일지書
勢如孤松一枝, 글씨의 기세는 외로운 소나무의 나뭇가지 하나와 같다'란 대련對聯, 대구
를 이루는 한 쌍의 글씨로 보통 양쪽 벽에 건다의 방서傍書, 대련의 글씨 곁에 쓰는 작은
글씨로 사용했다.

근래에 건필乾筆, 먹을 적게 묻힌 붓과 검묵儉墨, 먹을 조금씩 묻히는 것을 사용하여 억지로 원나라 사람들의 황량하고 간솔簡率한 분위기를 만들어내려는 사람들은 모두 자신을 속이고 남을 속이는 것이다. 왕우승王右丞, 왕유王維. 우승은 그의 관직명이나 대이장군大李將軍, 이사훈李思訓, 소이장군小李將軍, 이소도李昭道. 이사훈의 아들, 조영양趙令穰, 조대년趙大年, 조승지趙承旨, 조맹부趙孟頫와 같은 사람들은 모두 청록靑綠, 채색을 의미에 특장이 있었다. 대개 품격의 높낮이는 눈에 보이는 데〔跡〕 있는 것이 아니라, 보이지 않는 데〔意〕 있는 것이다. 그 눈에 보이지 않는 것을 아는 사람은 비록 청록靑綠이나 금니金泥로 그림을 그려도 괜찮다. 글씨 쓰는 것도 마찬가지이다.[34]

그런데 추사의 글로 알려진 이 글의 내용이 장경의 글에서도 똑같이 발견된다. 『도화정의지』「논화팔칙論畵八則」 중 「논품격論品格」이란 글이다.

옛날 사람들은 '그림에 선비의 기상〔士夫氣〕이 나타나야 한다'고 말했는데, 이것은 품격을 이야기한 것이다. 그런데 요즘 '사부기士夫氣'를 이야기하는 사람들은 건필과 검묵을 사용해야만 가능하다고 생각한다. 그래서 색을 두껍게 사용하는 사람을 보면 바로 환쟁이라고 이야기하는데, 이것은 모두 억지로 풀이한 것이다. 왕우승이나 대이장군, 소이장군, 왕도위王都尉, 1037~1093, 북송北宋의 화가 왕선王詵, 송나라 영종의 사위, 문호주文湖州, 북송의 문인화가 문동文同, 조영양, 조승지와 같은 옛날 사람들은 모두 청록에 특

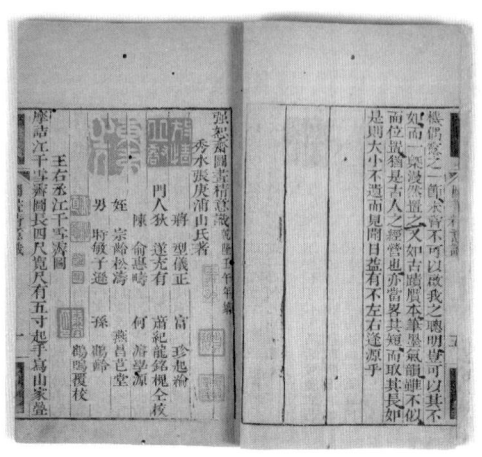

「도화정의지」, 수경실 소장 | 추사의 수택본으로 국내에 그 전본이 드문 희귀본이다.

장이 있었는데, 그렇다면 이들도 환쟁이라 불러야 한단 말인가? 대개 품격의 높낮이는 눈에 보이는 데[跡] 있는 것이 아니라, 보이지 않는 데[意] 있는 것이다. 그 눈에 보이지 않는 것을 아는 사람은 비록 청록이나 금니로 그림을 그리더라도 전문 화원[院體]과 같은 수준에 놓고 볼 일이 아니다. 그런데 환쟁이라 손가락질할 수 있겠는가? 눈에 보이지 않는 것을 알지 못하면 비록 예찬이나 황공망을 따라 배워도 오히려 속품俗品이 되고 말 것이다.[35]

추사의 글로 인정되어 그의 문집에 실려 있지만, 장경의 글을 추사가 요약해 정리한 것이 분명하다. 장경은 선비의 그림에 선비의 기상[士夫氣]이 있어야 한다고 강조했다. 이를 의미하는 '사부기'란 바로 추사가 자주 언급하는 '서권기書卷氣, 독서를 통해 자연스럽게 드러내는 기운'와 그 의미가 상통한다. '보이지 않는 것'이란 무엇인가? 그것은 말로 표현할 수 없는 것이다. 그것은 수많은 독서를 통해 오랫동안 쌓아둔 학식으로서 손끝을 통해 저절로 드러날 수밖에 없는 것이다.

장경의 영향은 그림을 감상하는 방법에서도 그대로 나타난다. 권돈인에게 보낸 편지에서는 원나라 황공망의 〈천지석벽도天池石壁圖〉를 감상하는 방법을 이야기하고 있다.

〈천지석벽도〉는 잡목이 우거진 숲에서 시작하는데 이것이 제1층입니다. 숲 밖의 시내 너머로 큰 산이 시작되고, 산 오른쪽에는 연못이 하나 나옵니다. 연못가에는 인가人家가 있고 연못 위로는 깎아지른 절벽입니다. 절벽 틈 사이로 폭포가 쏟아져내리는데 잔도棧道, 험한 벼랑 같은 곳에 낸 길가 이어져 있어 물이 나오는 곳은 드러나 있지 않습니다. 이것이 〈천지석벽도〉의 가장 중요한 부분입니다. 또 소나무 네 그루가 높이 솟아 있고, 돌 옆에는 띳집이 있습니다. 대개 화폭 전체가 하나의 거대한 산입니다. 웅장한 산꼭대기 밖으로는 자그마한 산들을 두 층으로 배열했는데 아주 평화로운 모습입니다. 큰 산과 작은 봉우리는 이어지며 높아졌다 낮아졌다 하므로 마무리에 무한한 운치를 남겼습니다. 이내가 화폭에 넘쳐 웅혼雄渾함이 참으로 장관입니다.[36]

〈천지석벽도〉, 국립고궁박물원 소장 | 황공망의 그림
이다. 추사는 이 그림에 대해 깊이 연구했다.

같은 내용이 장경의 글에서 그대로 나타난다. 『도화정의지』「천지석벽도」 부분이다.

대치大癡, 황공망의 자의 〈천지석벽도〉가 시작되는 곳은 잡목이 우거진 숲이다. 가장자리 오른쪽에는 네 그루의 소나무가 높이 솟아 있고 돌 곁에는 띳집이 있다. 이것이 제1층인데 아주 일반적인 풍경이다. 숲 밖에는 시내 건너 큰 산이 시작되어 층층이 올라간다. 산의 오른쪽을 끼고 연못이 하나 나오는데 연못가에는 인가가 있고 연못 위로는 깎아지른 절벽이다. 절벽 틈 사이로 폭포가 쏟아져내리는데 잔도棧道가 이어져 있어 물이 나오는 곳은 드러나 있지 않아 더욱 그윽하다. 이것이 가장 중요한 부분이다. 깎아지른 절벽은 큰 산의 꼭대기가 면면히 뻗어 오른쪽으로 들어갔다가 아래쪽이 잘린 것이지 별도로 생성된 게 아니다. 대개 화폭 전체가 하나의 거대한 산이다. 웅장한 산꼭대기 밖으로는 조그만 산을 두 층으로 배열하여 아주 평화로운 모습이다. 이렇게 함으로써 마무리에 무한한 운치를 남겼다. 작은 산의 가장자리 왼쪽과 큰 산이 이어지며 높아졌다 낮아졌다 하고, 높고 낮은 작은 봉우리들은 뒤쪽에 평화롭게 그려져 있어 두 층을 이루고 있다. 이 내가 화폭에 넘쳐 웅혼함이 참으로 장관이다.[37]

이 글 역시 장경의 글을 보고 추사가 정리하여 권돈인에게 알려주었던 것이다. 그림의 감상에 관해서는 『도화정의지』의 영향을 크게 받았던 것이다. 이 밖에도 여러 곳에서 『국조화징록』과 『도화정의지』의 기록이 추사의 문집에 그대로 나타나고 있다. 장경의 영향은 여기서 그치지 않는다. 추사는 장경의 화첩을 하나 가지고 있었다. 이 화첩의 끝에는 추사가 친필로 써놓은 글이 남아 있다.

이것은 원나라 예찬과 황공망 이후의 참된 실체이자 진수이다. 함부로 다른 사람에게 보이지 말라. 그리고 아무리 많은 돈을 주어도 팔지 말라.
동해낭현東海琅嬛, 추사의 별호이 평생 소중히 간직하며 감상했다.

예찬과 황공망이 누구던가. 추사 자신이 문경의 궁극으로 삼았던 바로 그들이 아닌가. 추사의 말대로라면 이 화첩의 그림들은 바로 그들 그림의 진수를 체득한 사람의 솜씨라는 말이 된다. 그런데 그 다음 말이 이상하다. 함부로 다른 사람에게 보이지 말란다. 그리고 아무리 많은 돈을 준다해도 절대 팔지 말라고 한 것이다. 도대체 왜 이런 말을 써놓았을까? 글은 다시 이어진다.

이것은 내가 제주도에서 병이 심하게 들었을 때 집안사람에게 써서 보내며 부탁한 것인데, 이제 죽을 고비를 넘기고 돌아와 다시 보게 되었다. 옛날의 달빛은 여전히 그대로 있고, 나무 사이에 걸린 달은 평소 모습 그대로였다. 이제 다시 병이 들어 하루살이처럼 기댈 곳이 없는 게 한탄스러운

데, 운치 있는 멋진 그림이 감동스러워 다시 여기에 몇 자 적는다. 비록 천만인이 와도 보여줘서는 안 되지만, 이재에게만은 한 번 보여줘도 괜찮다. 내 동생들과 아들들은 기억하라.

기유년1849 4월 20일 완당阮堂은 용산龍山 묘전병사墓田丙舍에서 쓴다.[38]

먼저 이 화첩에 대해 알아보자. 이 화첩의 이름은 『장포산첩張浦山帖』이다. 이 화첩에는 장경의 그림이 10면에 걸쳐 실려 있다. 역대 명가들의 그림을 모사하고 그 내용을 화제로 써넣었다. 화제 몇 가지만 살펴보자.

원나라 사람의 황솔荒率한 필치는 모사하기 가장 어렵다. 속세에 초연한

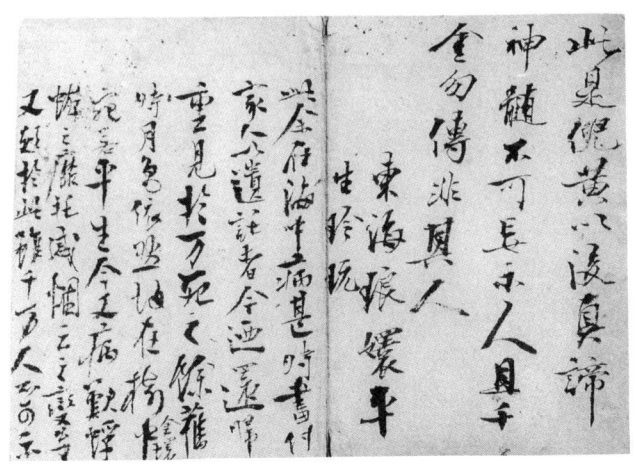

「장포산첩」, 간송미술관 소장 | 『장포산첩』 발문 부분이다.

사람이 아니라면 냉일(冷逸, 쓸쓸함)하고 고요한 의취를 표현할 수 없다.[39]

등불 아래서 대치가 그린 작은 산수화를 그려보았다. 흥취가 잘 맞았다.[40]

이것은 황학산초(黃鶴山樵, 중국 원나라의 화가 왕몽(王蒙)의 호의 또다른 필법이다. 내가 근래에 처음으로 얻어 보고는 그 필의에 따라 그려보았다.[41]

추사는 이 화첩을 제주도까지 가지고 갔었다. 늘 감상하면서 외로움을 달래고 답답함을 풀곤 했었다. 하지만 병이 깊어지자 추사는 이 화첩의 끝에 몇 자를 적어 집으로 돌려보냈다. 자신이 그렇게도 추구하던 그림이 담겨 있었기 때문에 늘 가지고 다녔지만, 병이 깊어져 언제 죽을지 모를 지경이 되자, 먼저 이 화첩을 안전한 집으로 돌려보냈던 것이다. 예찬과 황공망 이후 최고의 그림이라는 극찬과 함께 아무에게도 보이지 말라는 당부도 잊지 않았다. 그러고는 끝에는 '동해낭현평생진완(東海琅嬛平生珍玩)'이란 글자를 써넣었다. 동해낭현은 추사의 별호 중 하나이다. 따라서 이 말의 의미는 '이 책은 추사가 평생 아끼며 감상하던 책이었다'는 의미가 된다. 섬뜩한 느낌마저 든다. 마치 자신의 유언이라도 되는 듯 쓴 것 같다. 하지만 추사는 병이 나았고, 유배에서 풀려나 집에 돌아와 이 화첩을 다시 보게 되었다. 자신의 유언장과 마주한 추사의 심정은 말할 수 없이 기뻤을 것이다. 하지만 또다시 병이 들었고, 추사는 다시 유언을 적어넣었다. 절대 남에게는 보이지 말라. 권돈인 한 사람만 빼고서.

추사가 이렇게 설정한 문경의 핵심은 무엇일까? 그것은 어떻게 하면 예찬과 황공망의 경지에 이르느냐 하는 것이었다. 추사에게 그들은 시론에서의 두보와 같은 존재였다. 따라서 어떻게 하면 그들처럼 황솔한 느낌이 나는 그림을 그리느냐 하는 것이 문제였다. 황솔함이란, 거칠고 간략하고 메마른 느낌이다. 찬바람이 부는 겨울에 잎이 다 져버린 고목만 홀로 서 있는 느낌이다. 이런 느낌이 나는 그림을 어떻게 그려야 하는 것일까? 그것은 결국 필묵법筆墨法의 문제로 귀결된다. 붓과 먹을 어떻게 사용해야 하는가의 문제인 것이다. 그리고 그것은 추사가 늘 강조하던 건필과 담묵, 그리고 적묵법의 사용과 연결되어 있다. 추사가 누군가에게 쓴 편지에 그 이야기가 보인다.

예운림倪雲林, 예찬. 운림은 그의 호과 황대치黃大癡, 황공망. 대치는 그의 호 이래로 적묵법積墨法은 전해오지 않는 비결이 되어버렸습니다. 근래 중국 사람 중에도 잘하는 이가 드문데, 그것은 힘을 들여 붓질을 여러 번 해야 완성되기 때문입니다. 그러므로 가볍게 사람들에게 그림을 그려줄 때에는 이 방법을 더욱 사용하지 않습니다. 화가의 최상의 작품 중에는 적묵법을 사용한 것만한 게 없습니다. 일찍이 야운野雲 주학년朱鶴年에게서 들었던 것입니다.[42]

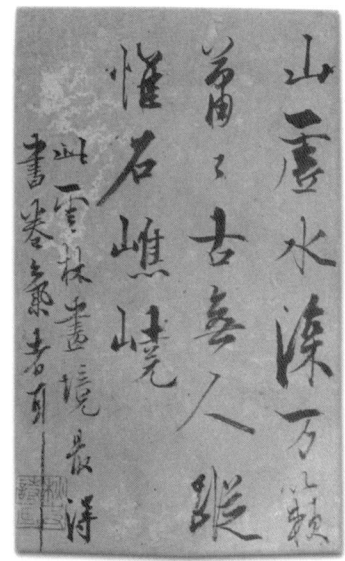

〈제예운림산수도〉, 개인 소장 | 예찬의 그림 뒤에 쓴 제사이다. 예찬의 그림 중에서 서권기가 가장 뛰어난 작품이라는 평을 하였다.

적묵법의 핵심은 물기를 뺀 마른 붓에 먹물을 조금씩 묻혀가며 그리는 것이다. 하지만 단번에 쓱쓱 그려나가는 게 아니라, 조금씩 붓질을 반복하면서 먹을 쌓아가며 완성하는 것이다. 당연히 시간이 오래 걸린다. 붓질에서 가벼움이란 찾아볼 수 없게 된다. 무게감이 느껴지기 마련이다. 이에 관해서는 추사가 소장하고 있던 『국조화징록』의 「장종창張宗蒼」조에서도 확인할 수 있다. 필묵법과 관련된 부분엔 예외 없이 추사의 비점이 찍혀 있다.

황존고黃尊古, 황정黃鼎. 존고는 그의 자의 제자이다. 붓을 쓰는 게 침착하고, 산과 돌의 준법皴法은 건필乾筆로 여러 번 쌓아 그린 게 많다. 숲 속의 나무를 그릴 때에도 담묵淡墨을 사용하여 마른 붓질을 하는데, 정신과 기백이 잘 어우러져 울창한 느낌이 드는데 참 볼 만하다.[43]

그런데 막상 〈세한도〉를 보면 연한 담묵을 사용하지 않고 있다. 아주 진한 먹물을 마른 붓에 조금씩 묻혀가며 붓질을 한 것이다. 왜 그랬을까? 여기서 또 한 가지 언급해야 할 것은 초묵법焦墨法에 관한 것이다. 초묵법이란 극도로 진한 먹을 사용하여 그림을 그리는 것이다. 연한 먹으로 그림을 그리다가도 강조해야 할 곳에 이르러서는 초묵을 사용하는 것이다. 그런데 추사는 〈세한도〉에서 담묵이 아닌 초묵만을 사용했다.[44] 초묵법은 일찍부터 문인화의 비결로 여겨져왔다. 그러나 그 비법은 전해오지 않은 지가 오래되었고, 아무도 알지 못했다. 추사는 바로 그 비법을 터득하여 〈세한도〉에 응용했던 것이다. 도대체 추사는 어떻게 그 비법을 터득했을까? 그것은 소치小癡를 통해 우연히 터득한 것이라고 추사는 고백하고 있다. 초의艸衣가 그려 보낸 관음상을 보고 극찬을 하며 쓴 편지에 그 내용이 전하고 있다. 기해己亥년1839 12월 1일의 일이다.

대개 초묵법은 전해오지 않는 묘체妙諦, 비결입니다. 우연히 소치 허련으로 인해 터득했습니다. 그 비결이 구르고 굴러 선사禪師에까지 이르리라고 어찌 생각이나 했겠습니까?[45]

추사는 초의가 추천하여 보낸 소치의 재능을 알아보고 자신의 집에 소장되어 있던 법첩法帖, 명가들의 서화첩과 옛 그림 등을 일일이 꺼내 보이며 가르치고 있었다. 그런데 추사는 뜻밖에도 소치를 통해 초묵법 쓰는 법을 터득했던 것이다. 놀라운 것은 초의가 보낸 관음상의 필법에 이미 초묵법이 사용되고 있었다는 것이다.

추사는 30년이란 긴 세월을 예찬과 황공망 등 원대 문인화의 경지에 오르기 위해 갖은 노력을 기울였다. 문제는 그 경지에 이르기 위해서는 필묵법의 비결을 터득해야만 했다는 것이다. 건필에 담묵을 조금씩 묻혀가며 적묵법으로 그리고, 초묵법을 사용한다는 것은 책을 통해 알고 있었지만, 문제는 실제로 그렇게 그림을 그리는 방법이 전해오지 않는다는 것이었다. 30년 동안 추사는 그 묘체를 터득하기 위해 노력했고, 유배되기 얼마 전에야 초묵법을 터득할 수 있었다. 〈세한도〉에 보이는 추사의 붓 터치는 바로 그 노력의 결실이었다. 〈세한도〉가 보여주는 황량함 또한 이렇게 완성되었던 것이다.

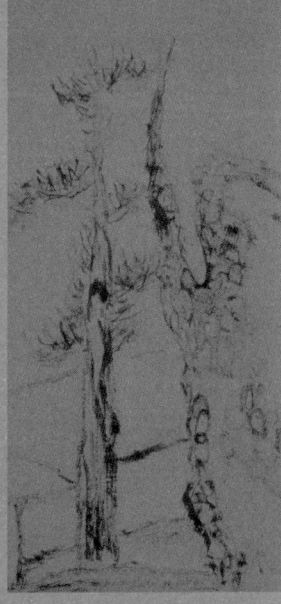

5

〈세한도〉
감상하기

〈세한도〉의 구조는 참 간단하다. 창문 하나만 나 있는 허름한 집 한 채, 나무 네 그루, '세한도'란 그림 제목과 이 상적에게 준다는 내용의 글씨 몇 자, 그리고 인장 몇 방, 이것이 전부다. 배경도 없고 사람도 보이지 않는다. 참으로 간단하다. 묘사력이 뛰어난 그림도 아니고 화려한 채색이 돼 있는 것도 아니다. 나무를 감상하라는 것인지, 집을 구경하라는 것인지, 난감하다. 하지만 장경의 말처럼 중요한 것은 보이는 데 있는 게 아니라, 보이지 않는 데 있지 않던가?

〈세한도〉의 구조는 참 간단하다. 창문 하나만 나 있는 허름한 집 한 채, 나무 네 그루, '세한도'란 그림 제목과 이상적에게 준다는 내용의 글씨 몇 자, 그리고 인장 몇 방, 이것이 전부다. 배경도 없고 사람도 보이지 않는 다. 참으로 간단하다. 묘사력이 뛰어난 그림도 아니고 화려한 채색이 돼 있는 것도 아니다. 나무를 감상하라는 것인지, 집을 구경하라는 것인지, 난감하다. 하지만 장경의 말처럼 중요한 것은 보이는 데 있는 게 아니라, 보이지 않는 데 있지 않던가? 보이지 않는 부분을 읽어내야 한다. 도대체 뭘 감상해야 할까? 무엇을 읽어내야 할까?

〈세한도〉가 일반인들에게 보급되기 시작한 것은 후지츠카가 제작한 영 인본을 통해서이다. 그는 실물과 똑같이 영인본을 만들어 보급했다. 여기 에는 그림 부분과 추사의 서문序文만이 들어 있는데, 그림에 2장, 서문에 1 장의 종이를 이어 붙여 만들었다. 원본 〈세한도〉가 그림에 3장, 서문에 1 장의 종이를 사용한 것과는 차이가 있지만, 그가 얼마나 세심하게 영인했 는지 느낄 수 있는 부분이다. 추사는 왜 〈세한도〉를 한 장에 그리지 않고 이어 붙인 종이에 그렸을까? 추사는 글씨를 쓰거나 그림을 그릴 때 재료 를 아주 중요하게 생각했다. 붓과 먹, 종이와 벼루, 어느 것 하나 소홀히

하는 법이 없었다. 최고급 재료만을 고집했다. 그런 그가 궁상맞게 종이를 이어 붙여가며 그림을 그린 것은 무슨 까닭일까? 우연히 그렇게 된 것이라 여길 수도 있겠지만, 그것은 추사의 치밀한 계산 속에서 이루어진 것이다.

유배중인 추사의 삶은 힘들고 궁핍했다. 추사는 〈세한도〉를 통해 그런 자신의 처지와 이상적의 의리를 표현하고자 한 것이다. 그런데 이런 그림을 최고급 중국 종이에 그렸다고 생각해보자. 과연 〈세한도〉가 우리에게 어떤 느낌을 전해주었을까. 추사 자신의 궁핍한 모습이 제대로 드러날 수 있었을까. 화려한 종이 위에 그려진 〈세한도〉를 보는 순간, 사람들은 추사의 삶이 그다지 곤궁하지 않다고 여겼을지도 모를 일이다. 그의 궁핍이 가식이라 여겼을지도 모른다. 추사는 여기서 재료의 중요성을 다시 한번 부각시킨다. 까칠한 종잇조각을 이어 붙여 그 위에 그리기로 한 것이다. 당나라 최고 명필 중 한 사람인 안진경顏眞卿이 이태보에게 쌀을 꾸어달라는 편지를 보낼 때 쓴 〈걸미첩乞米帖〉의 글씨를 연상시킨다. 장중하기로 이름난 그의 글씨였지만, 부탁하는 편지를 보내는 사람이 당당한 글씨체로 쓸 수 있었겠는가. 천하의 안진경도 애처롭게 쓸 수밖에 없었던 것이다.

그런데 한 가지 의문이 생긴다. 과연 〈세한도〉를 그린 종이가 조선 종이일까. 얼핏 보기에는 조선 종이가 분명해 보이지만, 이미 배접이 되어 있어 명확하지가 않다. 중국 종이라면 당시 많이 사용하던 종이였을 텐데 종이의 질감이 전혀 다르다. 이를 증명하는 말이 〈세한도〉에 붙인 진상업秦緗

業의 제영題詠에 보인다. 진상업은 〈세한도〉에 제시題詩를 써달라는 이상적의 부탁을 받고 시를 지었지만, 지금 남아 있는 16명의 〈세한도〉 제영에는 들어 있지 않다.

압록강 언저리에 하얀 햇빛 차가운데	鴨綠江頭白日寒
유배객은 집도 없이 고향 생각 슬프구나.	遷客無家悲萬里
그대는 일찍부터 송백松柏 절개 떨치더니	知君蚤擅後凋姿
밝고 하얀 종이 위에 고스란히 그려냈네.[46]	寫入光明魚網紙

진상업은 여기서 〈세한도〉가 '광명어망지光明魚網紙'에 그려져 있다고 말한다. 그런데 이것은 종이 이름이 아니다. 종이는 한나라 때 채륜蔡倫이 만든 것으로 알려져 있는데, 당시 채륜은 다 낡은 어망魚網 등을 재료로 하여 종이를 만들었기 때문에 지금의 종이와 비교해보면 상당히 거칠었다. '어망지'라는 말은, 대표적인 중국 종이인 죽지竹紙처럼 얇고 부드러운 종이가 아니라는 의미로 쓰인 것이다. '광명'은 밝게 빛이 난다는 의미인데 조선 종이에서만 보이는 특징이다. 조선 종이는 만든 다음 도침搗砧, 두드려 매끄럽게 함이란 과정을 거치기 때문에 윤기가 난다. 이는 중국 종이에는 쓰지 않는 방식이다. 그 때문에 진상업은 조선 종이를 '광명어망지'라 불렀던 것이다.

그림을 마친 추사는 줄 친 종이 위에 강하고 굳센 필치로 발문을 써내려

〈세한도〉 글씨 부분, 손창근 소장 | 〈세한도〉를 그린 사연을 쓴 서문이다.

갔다. 이렇게 정간井間에 글씨를 쓰는 것은 중국 당나라 때 유행한 것으로 우리나라에서도 신라시대 비석에서 발견된다. 추사가 고증했던 문무왕비 또한 정간에 글씨를 썼다. 이를 보면 정간은 글씨에서 금석기금석문의 기운 가 느껴지도록 만든 장치라고 볼 수 있다. 하지만 비문의 글씨는 정확히 칸의 가운데에 쓴다. 반면에 추사의 글씨는 약간은 줄이 맞지 않기도 하고 칸을 벗어나 있기도 하다. 이 또한 의도적이랄 수밖에 없는 모습들이다. 힘들고 지친 추사의 모습을 행간에 드러나게 만든 장치인 셈이다. 오랜 유 배 생활에 얼마나 힘들게 고생했으면 눈마저 어두워져 칸을 친 종이 위에 글을 쓸 수밖에 없었을까. 추사의 발문은 〈세한도〉를 감상하는 사람들에 게 그런 느낌을 불러일으키게 하는 장치인 것이다. 더구나 글씨는 해서가 분명하지만, 우리가 늘 보던 깔끔한 형태의 해서는 아니다. 오히려 예서의 맛이 강하게 남아 있는 해서이다. 이는 추사가 최고로 치던 해서의 경지이다.

그림을 보자. 먼저 나무들이 시선을 끈다. 소나무와 잣나무이다. 〈세한도〉에 소나무와 잣나무를 그려넣은 것은 당연히 소나무와 잣나무처럼 변치 않는 이상적의 의리를 표현하기 위해서이다. 공자가 이야기한 '세한연후지송백지후凋歲寒然後知松柏之後凋'에서 그대로 따온 것이다. 겨울이 되어서야 소나무와 잣나무가 시들지 않는다는 것을 알게 된다는 뜻이다. 문인화에서 소나무와 잣나무는 언제나 절개의 상징으로 나타난다. 그런데 막상 그림을 보면 오른쪽의 고목은 소나무가 분명하지만, 나머지는 사실 무슨 나무를 표현한 것인지 명확하지 않다. 왼쪽에 있는 두 그루의 나무는 표현 기법이 동일한 것으로 보아 같은 종류의 나무가 분명하지만, 노송 왼쪽의 나무는 소나무인지 잣나무인지 명확하지 않다. 특히 나뭇잎의 표현 방법이 왼쪽의 나무들과는 전혀 다른 것으로 보아 같은 종류의 나무로 보기는 어렵다. 소나무 하나를 제외하면 침엽수인 것은 분명하지만 어떤 나무인지는 명확하지 않은 셈이다. 이것은 추사 자신이 이 그림의 중심을 소나무에 두었다고 풀이할 수밖에 없다. 추사는 처음부터 오랜 풍상을 겪으면서 몸통은 썩고 가지 끝에 솔잎 몇 개만 남아 있는 소나무의 몰골을 그리려 했던 것이다. 끝에 붙어 있는 솔잎이 애처롭기 그지없다. 이것은 끝까지 절개를 지킨 이상적의 모습이자, 유배 생활에 지친 추사 자신의 몰골이기도 하다. 중의적 표현이라 할 수 있다.

여기서 한 가지 의문이 생긴다. '세한도'란 제목의 그림은 추사가 처음으로 그린 것일까? 그렇지는 않다. 역대 중국의 많은 화가들이 '세한도'란 제목의 그림을 남겼다. 그렇다면 그들의 그림이 모두 추사의 〈세한도〉처럼 황량한 모습일까? 그 역시 아니다. 아주 다양한 모습으로 그렸지만 추사의 그림과 유사한 것은 없다. 그럼 그들의 그림에는 모두 소나무가 등장할까? 그 또한 아니다. 역대 '세한도'란 제목의 그림에 등장하는 소재는 소나무, 대나무, 매화, 돌 등 다양하다. 그렇다면 추사는 왜 소나무를 선택했을까? 우선은 공자의 말에 나타나는 '송백松柏'이 그 직접적인 모티프가 되었을 것이다. 그런데 그뿐일까? 송백은 추사의 삶 속에서 어떤 의미가 있었을까?

추사의 스승인 옹방강에게 소동파는 절대적인 인물이었다. 그의 호가 소재蘇齋인 것도 그 때문이었다. 당연히 추사에게도 지대한 영향을 주었고 그래서 그는 유배중인 자신의 처지를 소동파에 비유하곤 했다. 그는 1829년경 옹방강의 서재인 소재를 방문했던 기억을 떠올리며 글을 썼다.

소재 안에는 〈파옹입극도坡翁笠屐圖〉가 걸려 있었고, 좌우에는 담계 자신이 쓴 대련이 있었다.

옛날의 동파거사 생각해보니　　　　　　想見東坡舊居士

엄연히 천축天竺의 고선생古先生이네　　儼然天竺古先生

또 나양봉羅兩峯이 그린 〈설랑석도雪浪石圖〉가 걸려 있었다. 조금 있자 소동파가 쓴 『천제오운첩天際烏雲帖』 진적眞跡 분지본粉紙本을 꺼내 보여주었는데, 우도원虞道園 등 여러 분이 감상한 옛 묵적이 있었다. 〈언송도偃松圖〉의 찬문贊文 글씨가 있었는데 마치 표충원비表忠院碑 견본絹本 같았다. 송판본 『시주소시施注蘇詩』는 송목중宋牧仲이 옛날에 소장하던 것이었다. 모두가 세상에 드문 보물들이었다.[47]

추사가 방문했던 소재의 모습이 생생히 담겨 있다. 20년이 지난 일이었지만 추사에게는 늘 어제 일처럼 생생했던 것이다. 소재에 소장된 것은 소동파와 관련되지 않은 것이 없었다. 소재는 온통 소동파의 흔적으로 가득한 서재였다. 소동파가 나막신을 끌고 있는 모습을 그린 〈파옹입극도〉, 옹방강이 소동파를 생각하며 쓴 대련 한 쌍, 소동파가 그토록 아꼈다는 설랑석雪浪石, 검은 바탕에 흰 줄이 있고 가운데 물결 문양이 있는 돌을 나빙羅聘, 중국 청나라의 화가이 그린 〈설랑석도〉, 소동파가 직접 쓴 『천제오운첩』, 〈언송도〉의 찬문 글씨, 송나라 때 간행된 소동파의 시집 『시주소시』, 소동파와 관련한 모든 보물들이 모여 있었다.

추사는 평생 그날의 광경을 가슴속에 품고 살았다. 하루도 그의 품속에서 내려놓은 적이 없었다. 당연히 그날 소재에서 보았던 물건들은 그의 일생에 깊은 영향을 주었다. 그런데 그중에는 〈언송도〉 찬문을 쓴 글씨가 있다. 이게 무엇일까?

소동파가 혜주惠州로 유배되었을 때의 일이다. 그곳의 나부산羅浮山은 명산 중 하나로 소나무가 많았다. 하지만 날씨가 따뜻하여 소나무들은 눈서리를 모른 채 자라고 있었다. 소동파는 세상을 걱정하며 살아가는 게 선비의 행복이라 여겼는데, 따뜻한 곳에서 늘 푸르게 자라는 소나무를 보고는 그렇게 사는 게 꼭 행복한 것이 아닐지도 모른다는 생각을 하게 되었다. 그러던 어느 날 어린 아들이 찾아왔다. 어린 아들이 그 먼 시골까지 찾아온 게 너무도 반가웠던 소동파는 그 아들을 위해 그림을 한 폭 그렸다. 그것은 눈서리를 모르고 자라는 그곳의 소나무가 아니었다. 가지를 늘어뜨린 겨울 소나무를 그린 것이었다. 소동파는 그림을 자그마한 머릿병풍으로 꾸미고 찬문을 썼다.

연나라 남쪽 조나라의 북쪽　　　　　　　燕南趙北

이곳은 대무산 어느 한 자락　　　　　　　大茂之麓

눈 덮인 봉우리엔 하늘이 얼어붙고　　　　天僵雪峰

얼음 언 골짜기엔 땅마저 갈라졌네.　　　　地裂氷谷

눈서리에 굽힘 없는 푸른 소나무　　　　　凜然孤淸

자라지 않을 수 없을 테지만　　　　　　　不能無生

이렇게 웅장하게 자라나다니　　　　　　　生此偉奇

분명 북쪽의 정령精靈이라네.　　　　　　北方之精

창창한 껍질 옥 같은 골격　　　　　　　　蒼皮玉骨

〈소동파상〉, 수경실 소장 | 추사의 스승인 옹방강이 평생 존경했던 소동파의 초상화. 조맹부가 그린 초상을 서민 (徐玟)이 본떠 그린 그림이다. 소동파 시집에 수록되어 있다. 추사는 유배중인 자신의 처지를 소동파에 비유하곤 했다.

우뚝 솟은 그 모습 참으로 멋져	礧礧醫醫
새 봄이 온 것도 알지 못하고	方春不知
추위 속 멋진 모습 뽐내고 있네.	沍寒秀發
어린 아들 절개는 굳세기도 해	孺子介剛
나를 따라 이 시골에 찾아왔으니	從我炎荒
서리 속의 영령英靈함은	霜中之英
나의 고통 씻어주네.[48]	以洗我瘴

유배중인 소동파는 그 먼 곳까지 찾아온 아들을 기특하게 생각하며 소

나무 그림을 그리고 찬문을 지어 머릿병풍을 만들었던 것이다. 추사가 소재에서 보았던 것은 바로 소동파가 쓴 이 찬문 글씨였다. 옹방강은 1794년 겨울에 이 글씨를 구했다. 52자밖에 남아 있지 않은 글씨 조각이었지만 소동파의 다른 자료들과 함께 이를 소재 안에 소중히 보관했다. 옹방강은 또 1796년 12월 19일 소동파의 생일날 시를 지었는데, 〈언송도〉 찬문에 대해서는 '고송언개전기호古松偃蓋全敧戶'라는 시구를 읊기도 했다. '고목이 된 소나무는 비스듬히 나뭇가지 드리우고 집에 기대어 있네'라는 의미이다. 그뿐이 아니었다. 옹방강 주변의 문사들은 이 시를 주제로 〈언송도〉를 여러 차례 그렸다. 소동파가 그린 〈언송도〉 그림이 전해오지 않았기 때문에 소동파의 찬문을 바탕으로 각자의 〈언송도〉를 그려보았던 것이다.

이 〈언송도〉의 찬문을 본 추사는 그날의 기억을 추억으로만 간직하지 않았다. 자신의 시 속에서 그 모습을 다시 한번 각인시켰다. 어느 봄날 비스듬히 구부러진 소나무가 있는 북엄北崦의 한 집에서 친구들과 작은 모임을 가지고 시를 지었다. 그 시에서 추사는 소재에서 보았던 〈언송도〉의 찬문을 떠올렸다.[49]

파공, 소동파의 가지 드린 소나무 그림   坡公偃蓋卷

일찍이 그려보지 않았던가?   無乃此曾臨

(중략)

세한의 그 뜻을 힘써 노력한다면   勗之歲寒意

수많은 재물보다 훨씬 낫겠지.　　　　　　　　　　　不薺百朋金

　추사 또한 이미 소동파의 〈언송도〉를 따라 그려보았던 것이다. 그 그림
이 어떤 모습인지는 알 수 없지만, 추사는 마음속으로 늘 〈세한도〉를 품고
있었던 것이다. 사실 '고목이 된 소나무는 비스듬히 나뭇가지 드리우고 집
에 기대어 있네'라는 옹방강의 시구에는 이미 〈세한도〉의 장면이 내포되어
있다고 볼 수 있다.

　추사가 소나무에 관심을 보인 흔적은 또 남아 있다. 추사가 보던 『국조
화징록』의 「이선李鱓」 항목에는 관주가 달린 부분이 있다. 소나무에 관한
내용이다.

　일찍이 〈오송도五松圖〉를 그리고 화제에 이렇게 썼다. "나는 곧게 뻗은
것은 대신大臣에 비유하고, 나뭇잎이 다 진 것은 명장名將에 비유한다. 하
나는 기울어지고 하나는 옆으로 누운 모습으로 그린 것은 교룡蛟龍을 빗댄
것이고, 포단송蒲團松, 승려들이 사용하는 방석처럼 생긴 소나무은 부처나 신선
을 상징한 것이다."[50]

이선1686~1757은 여러 폭의 〈오송도〉를 그렸는데, 그가 다섯 그루의 소
나무를 그린 데에는 이유가 있었다. 그중에서 곧게 뻗은 소나무는 대신을
상징했고, 솔잎이 다 져서 대머리 형상을 하고 있는 것은 명장을 상징하는

것이었다. 이선은 이런 비유를 통해 강직하고 아부하지 않으며 어떤 압력에도 굴복하지 않는 모습을 표현했던 것이다. 추사는 이 구절이 마음에 들었던 모양이다. 추사가 〈세한도〉를 그릴 당시에 이 구절을 보고 그리지는 않았을 것이다. 다만 젊은 시절부터 늘 보던 책에 표시까지 해놓은 걸 보면 분명 의식의 한쪽엔 이 구절이 자리하고 있었을 것이다. 이처럼 〈세한도〉를 그리기 훨씬 이전부터 추사의 의식 속에는 소동파의 〈언송도〉를 시작으로 〈세한도〉를 그리기 위한 구상이 움트고 있었던 것이다. 〈세한도〉는 그렇게 추사의 가슴속에서 때를 기다리며 탄생의 싹을 틔우고 있었다.

이제 〈세한도〉 속의 집을 구경해보자. 기다란 집 한 채가 소나무 뒤로 배치되어 있다. 그리고 둥근 문이 하나 있다. 이것은 실제 집을 묘사한 게 아니다. 상상 속의 집이다. 소나무의 절개에 어울릴 만한 선비의 집인 셈이다. 하지만 봉창封窓 너머엔 아무것도 없다. 텅 빈 방 안이 보일 뿐이다. 〈세한도〉에는 사람이 등장하지 않는다. 그림에 사람이 등장하지 않는 게 이상한 일은 아니지만, 사람 없이 집만 그린 것은 쓸쓸함을 극대화하기 위한 장치이다. 추사는 젊은 시절 멀리 떠나는 친구를 위해 부채에 그림을 그려준 적이 있다. 그런데 그 그림에도 사람이 등장하지 않는다. 대신 그는 그림에 시를 한 수 써넣었다. 그림을 그리면서 사람을 차마 못 그리는 자신의 심사를 이야기하기 위해서였다. 너무 쓸쓸할까봐 사람을 그려넣지 못했다는 이야기인데, 사실은 정반대의 효과를 노린 것이다. 사람을 그려넣지 않음으로써 그 쓸쓸함을 극대화한 것이다. 아무도 없는 텅 빈 집, 그것은 추사의 의식 세계이기도 하다. 적막함과 쓸쓸함만이 가득할 뿐이다. 밖에서 아무리 불러도 인기척이 느껴질 리 없다. 한없는 외로움의 상징이다.

〈세한도〉에는 움직이는 거라곤 아무것도 없다. 그래도 〈세한도〉에선 바람 소리가 느껴진다. 며칠 전 내린 눈이 반쯤 녹아 얼어붙고 하늘엔 먹구름이 황혼을 가릴 때 귓전을 때려대는 솔밭의 바람 소리, 문풍지가 부르르 떨며 봉창을 두드리는 바람 소리이다. 이런 을씨년스런 분위기 속에서도 빛이 없는 것은 아니다. 인장이 뿜어내는 붉은 인주印朱의 빛깔이 있다. 거칠고 메마른 붓 터치 속에서 인장은 〈세한도〉의 눈이 된다. 인장은 〈세한도〉의 꽃이다. 〈세한도〉에서 인장을 빼놓을 수 없는 이유이다. 모두 4방이 찍혀 있다. 〈정희正喜〉〈완당阮堂〉〈추사秋史〉〈장무상망長毋相忘〉이다.

다른 분야에서와 마찬가지로 추사는 우리나라 인장의 역사에서 빼놓을 수 없다. 조선 인장 문화에 대한 명확한 인식 속에서 청대의 인장 문화를 수용함으로써 새로운 길을 모색했기 때문이다. 추사와 교유했던 청조 문사들은 어김없이 추사로부터 인장을 새겨달라는 부탁을 받았고, 그들은 인장뿐만이 아니라 인장에 관한 자료나 인보印譜, 도장 찍은 것을 모은 책도 보내주었다. 추사에게 인장은 서화 감상과 창작의 가장 중요한 포인트였다. 따라서 추사의 인장을 제대로 인식하는 것은 추사의 글씨나 그림을 좀더 깊이 있게 이해할 수 있는 지름길이라 할 수 있다.

추사는 제주도 유배중에도 훌륭한 인장만 보면 좋아서 어쩔 줄 몰라했다. 추사가 그렇게도 아끼던 인장 중에는 '동해순리東海循吏'라는 인장이 있다.

'동해의 선량한 관리'라는 의미이다. 물론 '동해'는 '해동海東'과 마찬가지로 조선을 가리키기도 하지만, 여기서는 꼭 그렇다고 하기 어렵다. 추사는 제주도 유배중에 권돈인에게 편지를 보내 이 인장을 무척이나 자랑하였다.

'동해순리'라고 새긴 인장은 우리집 둘째김명희金命喜를 말함를 통해 보게 되었는데 장요손이 글씨를 쓴 것이라고 합니다. 고의古意가 대단하여 완백산인完白山人, 등석여를 말함의 적통을 이은 진수입니다. 몇 개 더 얻을 수 없는 것이 한스럽습니다. 종전에는 유백린劉柏隣, 유식을 말함을 최고로 여겼는데, 그는 오히려 두번째에 해당하는 것으로 보입니다. 보시고 바로잡아주시는 게 어떻겠습니까?[51]

이 인장은 본래 동생인 김명희를 통해 추사에게 전달되었음을 알 수 있다. 그런데 추사가 김명희에게 보낸 편지를 보면 '동해순리'인에 관한 흥미로운 일화가 있다.

'동해순리'인을 이렇게 선뜻 보내주니 너무도 고맙네. 쓸모없다고 하기에 우연히 말했던 것인데 이렇게 먼 곳까지 보내주니 웃음이 나오네. 동생도 호사가인데 이미 내게 왔으니 우선 이곳에 남겨두겠네. 직접 보니 새김과 글씨가 더욱 좋네. 인장 옆면에 새긴 글씨도 기막히게 좋다네.[52]

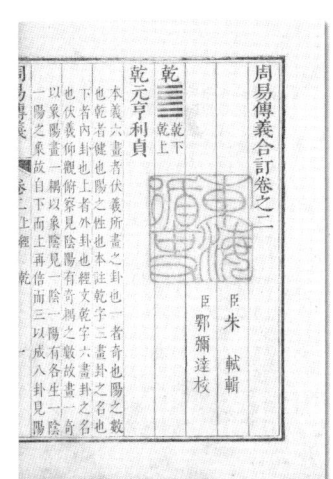

동해순리(東海循吏)인, 수경실 소장 | 『주역전의합정』에 찍혀 있는 동해순리 인장. '동해순리'란 '동해의 선량한 관리'라는 뜻이다. 추사는 동생 김명희가 제주도로 보내준 이 인장을 무척 아꼈다.

김명희는 장요손이 보내준 '동해순리'인을 보자 형님 생각이 났다. 종이 위에 인장을 찍어 형님에게 보내주었다. 형님이 좋아할 것 같아서였다. 그러면서 슬쩍 정작 본인에게는 별로 필요가 없다는 이야기를 하였다. 형님을 생각하는 동생의 마음 씀씀이를 읽을 수 있는 대목이다. 동생이 종이에 찍어 보내온 인장을 본 추사는 그 글씨가 뛰어날 뿐만 아니라 고의古意가 가득한 것을 보고 너무나 좋아했다. 다시 동생에게 편지를 써서 필요 없으면 자신에게 보내달라고 이야기를 했다. 유배중인 형님이 마음 붙일 데가 무엇이겠는가. 김명희는 형님을 생각하여 인장을 선뜻 보내주었다. 새김과 글씨는 물론 방각傍刻, 도장 옆면에 새긴 글자까지도 정말 훌륭하였다. 그래서 권돈인에게 편지를 보내 자랑까지 했던 것이다. 그뿐만 아니라 추사는

'보평안報平安'이라 새긴 독특한 봉함인을 사용하기도 했다.

추사는 그림을 다 그린 뒤 '세한도歲寒圖'란 제목을 예서로 곱게 써넣었다. 오른쪽에서 왼쪽으로 써나갔다. 위쪽에서 아래쪽으로 썼을 수도 있었을 텐데 굳이 가로로 써넣었다. 그런데 그가 그토록 높이 치던 소박한 서한西漢시대의 예서가 아니다. 아주 세련되고 산뜻한 느낌이 든다. 거칠다는 느낌은 찾아볼 수 없다. 하지만 가늘게 지나간 붓 자국은 그림의 붓 터치와 자연스럽게 하나가 되었다. 그러고는 이어서 세로로 '우선시상藕船是賞'이라고 썼다. 그 다음엔 줄을 바꾸어 세로로 '완당阮堂'이라 쓰고 인장을 찍었다. 〈세한도〉에서 제일 먼저 만날 수 있는 인장은 '정희正喜'라는 이름을 새긴 인장이다. '세한도'라는 글씨에서 시작된 그림은 시선을 따라가다 보면 소나무 가지 끝에 남아 있는 솔잎으로 자연스럽게 이어진다. 글씨와 그림이 자연스럽게 혼융되는 경지를 만들어낸 것이다. 그리고 그 접점에서 '정희'라는 붉은색의 인장이 환하게 맞아준다. 나무는 솔잎에서 끝이 나지만 인장을 통해 그 기운이 다시 '세한도'라는 글자에까지 이어지게 한 것이다. 마치 본래 소나무의 일부였다는 듯이 말이다.

그런데 이 인장에는 독특한 점이 있다. 대부분의 추사 인장이 정방형이거나 장방형인 데 비해, 이 인장은 옆으로 길게 되어 있다. 추사의 인장 중에서는 드문 형태이다. 왜 이 인장을 사용했을까. 정방형이거나 장방형의 인장을 사용했다면 어땠을까. 여기서 〈세한도〉가 옆으로 길게 되어 있다는 점을 상기해야 한다. 옆으로 길게 된 그림이기에 세로의 기다란 인장이나 네모난 인장을 찍었다면 인장이 너무 돋보였을 것이다. 소나무와의 연결이 자연스럽지 않았을 것이다. 추사가 보던 『국조화징록』에도 이 인장이 찍혀 있는 것으로 보아 젊을 때부터 사용한 것이지만 〈세한도〉를 위해 미리 준비했다는 생각이 들 정도다.

다음에 볼 인장은 '완당'과 '추사'이다. 김정희는 추사 이외에도 완당을 비롯하여 100개가 넘는 호를 사용한 것으로 알려져 있다. 호가 너무 많아 '백호당百號堂'이란 호까지 생겼다고 한다. 그중에서도 '추사'와 '완당'이 가장 많이 알려져 있다. 완당은 추사가 연경에서 완원阮元을 만나고 돌아온 뒤 그를 존경한다는 의미로 지은 당호이다. 청대에는 다른 사람의 성을 따다가 자신의 호로 삼는 경우가 종종 있었다. 그러나 조선에서는 흔한 일이 아니었다. 추사는 연행을 통해 완원을 만나 가르침을 받은 뒤로 그를 흠모하게 되었고, 옹방강과 함께 그를 자신의 스승으로 여겼다. 이후 추사는 완원을 흠모한다는 의미로 '완당'이란 편액을 걸었다. 따라서 엄밀히 말하면 완당은 사람의 별칭이 아니라 집의 이름을 일컫는 '당호堂號'이다. 이후 완당이란 당호가 추사만큼이나 널리 알려진 그의 별호로 사용되었다는 것은 잘 알려진 사실이다.

그러나 정작 김정희의 별호인 추사에 대해서는 알려진 게 없다. 다만 1809년 사신을 따라 연경에 갔을 때, 이미 중국에서 그는 추사로 알려져 있었다. 그런데 당시 연경의 문인들에겐 추사는 호號가 아니라 자후로 인식되고 있었다. 필자 또한 이 문제에 대해 고심했지만, 정확한 이유는 알 수 없었다. 당시 호와 자에 대한 중국인들의 관념이 조선과 달랐기 때문이었을 것이라고 막연히 추정할 뿐이었다. 그런데 앞에서 살펴본 추사의 필담을 보면서 모든 의문이 해소되었다. 조선에서 추사는 김정희 자신의 호가 분명했지만, 연경에서는 '추사'를 자로 소개했던 것이다. 왜 그랬을까?

청나라에는 이미 추사라는 호를 쓴 사람이 여럿 있었다. 그중에서도 왕사정과 동시대를 살았던 왕평王苹, 1659~1720이란 사람이 있는데 이 사람의 자가 추사이다. 또 한 사람은 강덕량江德量, 1752~1793인데 이 사람의 호 또한 추사이며 금석문에 취미가 있었다. 박제가는 옹방강의 서재에서 그와 만난 뒤로 두터운 교분이 있었고, 김정희 역시 그에 대해 잘 알고 있었다. 추사라는 호가 이들과의 관계 속에서 만들어졌을 것이라고 추측할 수 있는 이유이다. 하지만 김정희는 '추사'를 자신의 자로 소개했다. 그들이 자신을 보다 가깝게 느낄 수 있도록 하기 위해서였을 것이다. 특히 옹방강과의 만남에서 호를 '보담재', 자를 '추사'라 한 것을 보면 추사의 의도가 어디에 있었는지 알 수 있다. 옹방강의 입장에서 볼 때 자신을 존경한다는 의미로 '보담재'란 호를 짓고, 자신의 친구인 강덕량의 호와 똑같은 '추사'를 자로 쓰면서 자신의 글씨와 같은 글씨를 쓰는 조선의 젊은이가 어찌 대견스럽지 않았겠는가?

〈세한도〉 그림이 끝나고 그림을 그리게 된 연유와 이상적에 대한 고마움을 담은 추사의 글이 붙게 되는데, 이 그림과 글씨를 연결하는 부분에도 인장이 하나 찍혀 있다. 바로 '완당'이라 새긴 인장이다. 서화의 경우 이렇게 두 부분을 연결하는 곳에 찍는 인장을 압봉인押縫印 또는 합봉인合縫印이라 부른다. 이 인장은 추사의 독특한 예서 맛이 난다. 아마도 추사 자신이 글씨를 쓴 다음 오규일吳圭一과 같은 제자에게 인장을 새기게 했을 것이다. 자유스러움과 고졸함이 함께 묻어난다. 이 인장에는 〈세한도〉 그림과 서문의 글씨를 추사 자신이 직접 이어 붙였다는 의미가 담겨 있다. 다시 서문을 지나면 끝에 마지막으로 인장이 하나 더 있다. 바로 '추사'라는 자신의 호를 새긴 인장이다. 끝에 '완당노인서阮堂老人書'라는 낙관이 있는데 '완당'이란 인장을 쓰지 않고 '추사'라는 별호를 새긴 인장을 찍은 점이 흥미롭다. '완당의 늙은이가 썼다'는 말과 함께 자신의 별호인 '추사'인을 찍은 것이다. '추사 김정희'의 작품임을 마지막으로 확인해주는 인장이다. 적당한 크기의 인장이 작품의 완성을 알리고 있는 것이다. 이처럼 〈세한도〉의 그림과 글씨는 3개의 인장이 마치 연결고리와 같은 역할을 하고 있다.

그런데 추사의 인장은 여기서 그치지 않는다. 뭔가 부족한 느낌이 있기 때문이다. 인장에는 한장閑章이라는 게 있다. 자신의 취미나 기호, 또는 좋은 시구나 경구를 새긴 인장을 말한다. 추사도 아주 다양한 한장을 사용했는데, 언제나 그 상황에 맞는 글귀를 선택하여 사용했다. 이번에 추사가 선택한 것은 '장무상망長毋相忘'인이었다. '오래도록 서로 잊지 말자'는 의미의 인장이다. 이 인장은 본래 그 유래가 있다. 중국 한나라 때 '장무상망'이라 새긴 기와가 있었는데, 훗날 이 기와의 글귀를 모방하여 인장으로

장무상망(長毋相忘)인, 소장처 미상 | 장무상망인은 다양한 형태로 유행하였다.

만들어 사용했던 것이다. 기와뿐만이 아니라 인장과 거울 중에도 '장무상망'을 새긴 게 있었다. 추사의 스승인 옹방강은 일찍이 장수동張瘦同이 관중關中에서 이 기와를 구해 그 탁본을 보내오자 「장무상망한와가長毋相忘漢瓦歌」라는 시를 짓기도 하였고, 인장에 새겨 사용하기도 했다. 추사도 이미 이십대 후반이나 삼십대 초반에 부채에 그린 선면도扇面圖에서 원형의 '장무상망'인을 사용한 적이 있었다. 그러나 〈세한도〉에 사용한 인장과는 그 형태가 다르다. 형태도 원형에서 정방형으로 바뀌었고, 글자나 새김도 훨씬 세련되었다. 또 옹방강의 아들인 옹수곤이 보낸 편지 중에는 '장무상망'이라 새긴 인장을 찍어 보낸 경우도 있었다. 왕희손이 추사에게 보낸 편지 중에도 '장무상망'인을 보낸다는 언급이 있다.

우선이 편지를 가지고 와서 장언유張彦惟가 새긴 인장을 찾더군요. 장언유는 이미 고인이 되었습니다. 이제 그가 저를 위해 새긴 '장무상망'인을 보내드립니다.[53]

혹시 추사가 〈세한도〉에 사용한 인장이 바로 왕희손으로부터 받은 그 '장무상망'인이지도 모르겠다. 추사는 자신의 마음을 담아 마지막으로 오른쪽 아래에 이 '장무상망'인을 찍었다. 고맙네, 우선! 오래도록 자네의 의리를 잊지 않겠네. 그대 또한 언제나 나를 잊지 말게나.

안진경의 〈걸미첩〉

당나라의 명필 안진경의 글씨 중에는 〈걸미첩〉이라는 게 있다. 이태보에게 쌀을 빌리는 내용의 편지로 〈여이태보첩與李太保帖〉이라고도 한다. 온 집안사람들이 여러 달 동안 죽만 먹다가 그마저 떨어지자, 안진경은 어쩔 수 없이 이태보에게 쌀을 꾸어달라는 편지를 보내게 된다.

> 생계를 꾸리는 일에 대해서는 재주가 없는지라 온 집안 식구들이 죽만 먹은 지 몇 달이 되었습니다. 이제 그마저 다 떨어져가니 더욱 걱정스럽고 초조합니다. 그대의 깊은 정을 믿고 부탁드립니다. 쌀을 좀 보내주시면 이 어려움을 해결할 수 있겠습니다. 번거롭게 해드려 죄송합니다. 진경眞卿 씀.
>
> 拙於生事, 擧家食粥來已數月. 今又罄竭, 祇益憂煎. 輒恃深情, 故令投告, 惠及少米, 實濟艱勤, 仍恕干煩也. 眞卿狀

때는 765년, 중국 당나라에는 큰 흉년이 들었다. 겉보기엔 안진경에게 영향이 미칠 리는 없었다. 당시 그는 공을 세워 안노공顔魯公에 봉해졌고, 형부상서刑部尙書라는 고위직에 있었기 때문이었다. 하지만 그에겐 나라에서 주는 녹봉祿俸 이외에는 별다른 수입원이 없었다. 다른 사람 같으면 자신의 권력을 이용해 집안사람들이 먹고살 방법을 마련할 법도 했지만, 그에게 그런 재주는 없었다. 그래서 온 나라에 흉년이 들자 안진경의 집안사람들은 죽으로 연명할 수밖에 없었다. 그리고 집안사람들이 굶을 지경이 되자 안진경은 체

면을 버리고 이태보에게 쌀을 꾸어달라는
편지를 썼던 것이다.

그런데 행서로 써내려간 그의 글씨에는 어
딘지 모르게 애처로움이 묻어난다. 자존심
을 버리고 남에게 쌀을 꾸어달라는 편지를
쓰자니 어쩔 수 없었던 모양이다. 남에게
아쉬운 부탁을 하는데 당당한 글씨체로 부
탁을 하는 것은 부탁을 받는 사람의 입장에
서도 달가울 리 없었을 것이기 때문이다.
글씨도 상황에 맞게 써야 하는 것은 당연한
일이다.

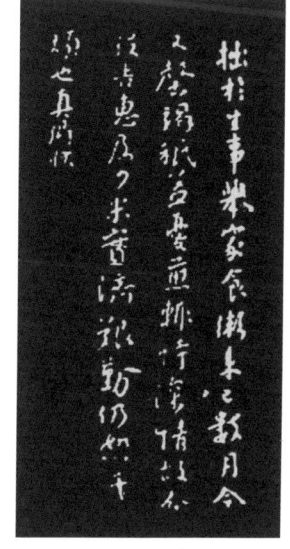

안진경이 쓴 〈걸미첩〉 탁본

추사의 봉함인 〈보평안〉

옛사람들은 편지를 다 쓰고 난 다음에 풀로 봉투를 붙이고 그 위에 자신의 서명을 하거나 인장을 찍어 다른 사람이 함부로 열어보는 것을 방지하였다. 이때 이곳에 찍는 인장을 '봉함인封緘印'이라 부른다. 이 인장에는 아주 다양한 문구를 새겼다. 자신의 서재 이름이나 관향을 새기기도 했고, 봉함의 의미를 담은 문구를 새기기도 했다. 추사 김정희 또한 여러 종류의 봉함인을 사용하였다.

그런데 제주도 유배 시절부터는 하나의 인장만을 줄곧 사용했다. 바로 '보평안報平安'이라 새긴 인장이었다. 그런데 여기에 새긴 글자는 고대에만 사용하던 글자였기 때문에 판독이 쉽지 않았다. 그래서 기존에는 '용상록龍象鹿'이라 판독하기도 했는데, 이는 글자의 형태를 가지고 추정한 것에 불과하다. 나는 그 인문을 '보평안'으로 판독하였다. '편안히 잘 지내고 있다는 소식을 알린다'는 의미이다.

2006년 국립중앙박물관에서는 추사 서거 150주기를 맞아 추모 전시회를 열었다. 이때 나는 자문을 담당하고 있었는데, 『완당소독阮堂小牘』이라는 새로운 자료를 분석해 추사의 전담 장황사서화를 표구하는 사람였던 유명훈劉命勳이란 인물을 재조명하기 위해 고심하고 있었다. 그 과정에서 피봉에 남아 있던 봉함인을 만나게 되었다. 오랫동안 봐온 봉함인이었지만, 나 역시 글자는 판독하지 못한 상태였다. 아무리 찾아도 글자를 확인할 수 없었다. 한 글자도 그 실마리를 풀지 못하고 마침내 포기하기에 이르렀는데, 우연히 평平자를 찾아내게 되었고, 나머지 두 글자도 추리 끝에 확인할 수 있었다. 시계는 이미 새벽 4시를 가리키고 있었지만 조금도 피곤하지 않았다. 그렇게 추사의 봉함인 '보평안'의 비밀은 풀렸고, 도록에 실린 논문에 무사히 기록할 수 있었다.

유배중인 사람으로부터 전해 듣고 싶은 게 뭐가 있겠는가. 별 탈 없이 잘 지내고 있다는 소식 말고 말이다. 그래서 추사는 편지를 봉투 속에 넣고 겉봉에 이 인장을 찍었던 것이다. 예산과 서울의 가족들에게 이 인장 하나로 자신의 가장 중요한 소식을 전했던 것이다. 이 보평안은 유배기 이후 추사의 간찰을 증명하는 데 결정적인 증거가 되기도 한다.

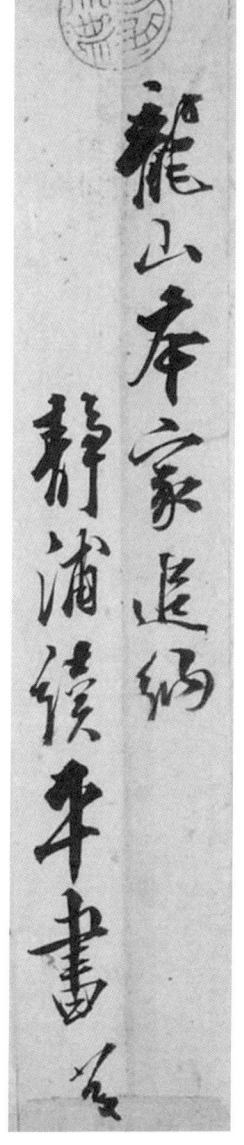

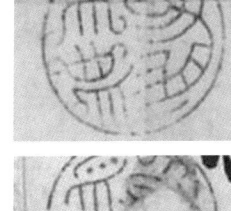

보평안(報平安)인, 국립중앙박물관 소장 │ 추사가 편지를 봉함할 때 사용한 인장.

자와 호, 원춘과 추사

사람이 태어나면 부모는 아이의 이름부터 짓는다. 아이 때 부르던 이름이라는 의미로 아명兒名이라 했는데, 본인의 의지와는 아무 상관 없이 부모와 가족의 의지가 담겨 있기 마련이다. 아명은 그 발음이나 의미가 조금은 우스꽝스러운 경우도 많았고, 투박하고 촌스럽기까지 하였다. 김정희의 아명은 알려진 게 없다.

좀 자라서 성인이 되면 새로운 이름이 주어졌다. 관례冠禮를 올릴 때 지어준다는 의미로 관명冠名이라 하는데, 이때 지은 이름이 보통은 그 사람의 이름이 된다. 관명이야말로 조선시대 우리 선인들의 이름에 해당한다고 할 수 있다. 김정희의 이름 '정희'가 관명인지는 확인할 길이 없다.

이 밖에도 자字라는 게 있었다. 자 또한 이름과 유사한 형태로 짓게 되는데, 친구들은 보통 이 자를 부른다. 자나 호는 보통 스승이나 덕망 있는 분들이 지어준다. 한 사람이 성인으로서 살아가는 데 지침이 되는 의미가 이름이나 자에 담기게 된다. 추사의 경우 자가 원춘元春인데, 원元도 봄을 상징하기 때문에 원춘은 결국 봄을 의미한다. 이는 그의 이름 중의 정正자가 지니는 정월, 즉 봄의 의미와도 상통한다. 그의 또다른 자가 백양伯養인데, 백伯은 맏이라는 뜻이고 양養에는 만물을 길러내는 봄의 의미가 담겨 있다. 이 밖에도 호號라는 게 있었다. 요즘으로 치면 별명이라 할 수도 있지만, 사실은 별명보다는 좀더 고급스러운 의미가 담겨 있는 또다른 이름이다. 김정희의 대표적인 호는 추사秋史인데, '추秋'자는 바로 그의 자에 사용된 '춘春'자와 짝을 이룬다. 그래서 그의 자호에는 춘추春秋가 들어가게 된다. 춘추는 바로 역사를 의미한다. 그의 호가 추사라는 것을 이렇게 풀어볼 수도 있는 것이다. 호는 자신이 짓기도 하고, 친구들이 지어주기도 한다. 성인이 되면서 작명의 주체가 부모에서 스승으로, 스승에서 자신과 자신의 친구로 바뀌게 되는 것이다. 이것은 그야말로 주체성의 확립과 관련되어 있는 행위라 할 수 있다. 선인들의 이름 짓기야말로 한 인간으로서 홀로서기의 상징이었던 것이다. 그렇기 때문에 그들이 죽은 뒤에 남긴 그들의 문집에는 바로 이 호가 사용되었고, 이름보다는 호가 더 많이 알려진 경우도 허다했던 것이다. 추사도 마찬가지이다.

추사와 완당의 쓰임새

김정희의 별호인 '추사'와 '완당' 사이에는 약간의 차이가 있다. 김정희의 입장에서 볼 때 추사는 자신의 별호이고 완당은 자신의 당호이기 때문에 약간 다르게 사용했을 수 있다는 말이다. 예를 들어 '완당서阮堂書'란 말은 완당이 썼다는 의미도 되지만, 완당에서 썼다는 의미도 된다. 완당이 당호이기 때문이다. 그러나 '추사서秋史書'란 말에는 추사가 썼다는 의미만 남게 된다. 또 완당의 경우에는 '완당노인阮堂老人'처럼 다른 글자를 붙여 쓰기도 하고, '완노阮老'처럼 줄여 사용하기도 한다. 그러나 '추사'의 경우에는 처음부터 끝까지 '추사'라는 호칭이 단독으로 사용된다. 물론 추옹秋翁처럼 불리기도 했지만, 드문 경우이다.

청조 문사들은 거의 '추사'라고 하였다. '추사'를 김정희의 자字로 인식했기 때문일 것이다. 추사의 동료들 역시 추사라는 호를 즐겨 사용했다. 반면에 추사의 제자들이나 후학들은 '완당'이란 당호를 주로 썼다. 직접 부르기보다는 '완당에 거처하시는 분'이란 의미가 담겨 있기 때문이다. 여기에는 존경의 의미가 포함되어 있다. 즉, '추사'라는 별호를 부르기보다는 '완장阮丈'의 경우처럼 '완당에 계신 어르신'과 같은 의미로 사용했다. '추사'라는 별호를 직접 부르는 것은 불경스럽게 들릴 수도 있기 때문에 '완당에 거처하신 분'의 의미로 보다 완곡한 표현을 사용했던 것이다. 후대에 내려오면 이런 의미들이 구분 없이 혼용되기도 하지만, 이는 추사 사후의 일이기 때문에 크게 의미를 부여할 필요는 없다고 본다.

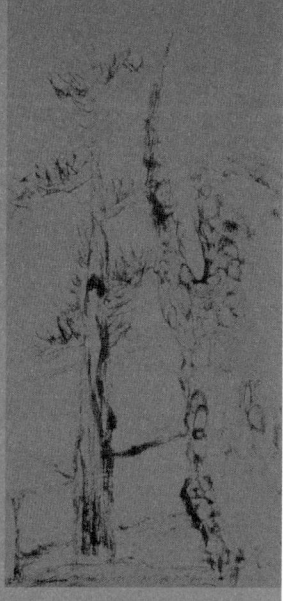

6

〈세한도〉를
그린 사연

하지만 이상적은 추사가 유배중인데도 이전과 변한 게 없었다. 여전히 어렵게 구한 책들을 보내주었고, 청나라
의 새로운 소식을 끊임없이 전해주었다. 추사는 여기서 깨달았다. 공자가 왜 겨울이 되어서야 잣나무와 소나무
의 잎이 시들지 않는다는 사실을 알았다고 말했는지 말이다. 겨울이 되어서야 소나무와 잣나무의 잎이 영원히
푸르다는 것을 깨닫듯이, 유배객 신세가 되어서야 이상적의 의리를 새삼 깨달았던 것이다. 우선! 그대는 진정
송백과 같은 사람이구나.

〈세한도〉는 한 폭의 그림과 그림을 그리게 된 동기를 적은 추사의 친필 글씨로 구성되어 있다. 그런데 추사의 글에는 제목이 없다. 우리는 이것을 뭐라 불러야 할까? 제목이 붙어 있지는 않지만 형태적으로 볼 때 제사題辭라 할 수도, 서문序文이라 부를 수도 있을 듯하다. 그런가 하면 내용상으로는 편지와 유사한 면도 있다. 이 때문에 훗날 이 글은 추사의 문집에서 여러 가지 제목으로 실리게 되었다. 이 글이 제일 먼저 실린 것은 1868년에 간행된 『완당집』이다. 이 책에는 「여이지사상적서」라는 제목으로 실려 있다.[54] '지사知事 이상적에게 보낸 편지'라는 의미로 『완당집』의 편집자들이 이 글을 편지로 인식하고 있었음을 말해준다. 그러다가 1934년에 간행된 『완당선생전집』에서는 다시 「여이우선상적與李藕船尙迪」이라는 제목으로 실린다. 역시 편지로 인식하고 있었다는 것을 말해준다. 그러나 사실 이 글은 형태적으로 볼 때 편지로 분류하기는 어렵다. 특히 끝의 '완당노인 서'라는 부분과 인장을 찍은 점은 이 글을 편지로 분류하기 어렵게 만든다. 따라서 내용상 편지와 유사한 부분이 있다고는 해도 형식상으로는 제사라 할 수 있는 글이다. 제사란 시문이나 서화에 그것을 지은 연유 등을 적어 넣은 글을 가리킨다. 실제로 추사 사후 편집된 것으로 보이는 『담연재유고

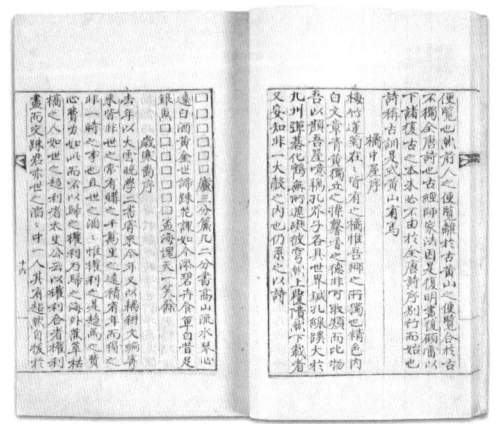

『覃覃齋遺稿』라는 추사의 문집에는 「세한도서歲寒圖序」와 「자제세한도自題歲寒圖」라는 제목으로 각각 다르게 실려 있다. 서문으로 할 것인지, 제사로 할 것인지 확정하지 못했다는 것을 의미한다. 그런가 하면 추사의 제자 유상柳湘이 1851년 2월 7일에 삼십육구정三十六鷗亭, 추사가 머물던 정자에서 추사의 글과 청조 문사들의 제영을 옮겨 적었는데, 그는 여기서 추사의 글에 「세한도서」라는 제목을 붙이고 있다. 그렇다면 추사의 이 글은 서문이나 제사로 분류하는 것이 타당할 듯하다. 필자는 이상의 내용을 종합해 〈세한도〉에 있는 추사의 글을 서문으로 부르고자 한다. 추사는 이 글을 통해 자신이 〈세한도〉를 그리게 된 동기를 적고 이상적의 지조를 한껏 치켜세우고 있다. 추사가 〈세한도〉를 그린 까닭은 무엇일까?

지난해엔『만학집晚學集』과『대운산방문고大雲山房文藁』두 가지 책을 보내주더니, 올해에는 하장령賀長齡의『경세문편經世文編』을 보내왔다. 이들은 모두 세상에 늘 있는 게 아니고 천만 리 먼 곳에서 구입해온 것들이다. 여러 해를 걸려 입수한 것으로 단번에 구할 수 있는 책들이 아니다. 게다가 세상의 풍조는 오직 권세와 이권만을 좇는데, 그 책들을 구하기 위해 이렇게 심력을 쏟았으면서도 권세가 있거나 이권이 생기는 사람에게 보내지 않고, 바다 밖의 별볼일없는 사람에게 보내면서도 마치 다른 사람들이 권세나 이권을 좇는 것처럼 하였다.

태사공太史公은 '권세나 이권 때문에 어울리게 된 사람들은 권세나 이권이 떨어지면 만나지 않게 된다'고 하였다. 그대 역시 세상의 이런 풍조 속의 한 사람인데 초연히 권세나 이권의 테두리를 벗어나 권세나 이권으로 나를 대하지 않았단 말인가? 태사공의 말이 틀린 것인가?

공자께서는 '겨울이 되어서야 소나무와 잣나무가 시들지 않는다는 것을 알게 된다'고 하였다. 소나무와 잣나무는 사시사철 시들지 않는다. 겨울이 되기 전에도 소나무와 잣나무이고, 겨울이 된 뒤에도 여전히 소나무와 잣나무인데, 공자께서는 특별히 겨울이 된 뒤의 상황을 들어 이야기한 것이다. 지금 그대가 나를 대하는 것은 이전이라고 해서 더 잘하지도 않았고 이후라고 해서 더 못하지도 않았다. 그러나 이전의 그대는 칭찬할 게 없었지만 이후의 그대는 성인의 칭찬을 받을 만하지 않겠는가? 성인이 특별히 칭찬한 것은 단지 시들지 않는 곧고 굳센 정절 때문만이 아니다. 겨울이 되자

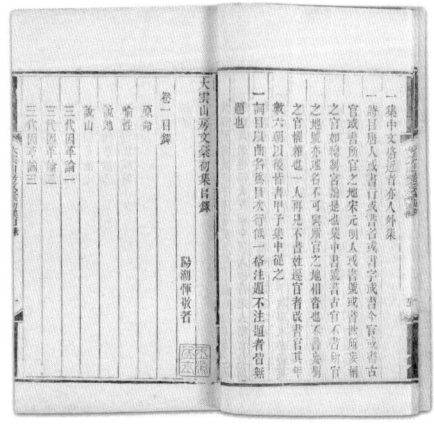

『대운산방문고』, 수경실 소장 ┃ 추사가 제주도에서 탐독한 운경의 문집이다.

마음속에 느낀 바가 있어서 그런 것이다.

아! 서한시대처럼 풍속이 순박한 시절에 살았던 급암汲黯이나 정당시鄭當時같이 훌륭한 사람들의 경우에도 권세에 따라 찾아오는 손님이 많아지기도 하고 줄어들기도 하였다. 하비下邳 사람 적공翟公이 문에 방문을 써서 붙인 일은 절박함의 극치라 할 것이다. 슬프구나! 완당노인이 쓴다.

추사가 이상적에게 〈세한도〉를 그려준 표면적인 동기는 구하기 힘든 책을 청나라에서 구해다가 제주도에 유배중인 자신에게 보내준 것에 대한 보답이라 할 수 있다. 그렇게 어렵게 구한 책들을 당시의 권력자들에게 바쳤다면 출셋길도 열렸을 것이고, 보다 나은 삶이 보장되었을 텐데, 굳이 바다 밖 먼 곳에서 유배중인 자신에게 보내줬으니 그 고마움을 무엇으로 보답할 것인가. 이상적의 앞길에 아무런 도움도 줄 수 없고, 그를 도와줄 아무런 방법도 없었다. 그림이나 한 폭 그려 그 고마움을 표시하고자 했던 것이다.

이상적은 1년 전에도 이미 운경輝敬, 1757~1817의 문집인『대운산방문고』와 계복桂馥, 1736~1805의『만학집』을 추사에게 보내준 적이 있었다.『만학집』은 1841년에 간행되었는데, 이 책의 표제면에는 옹방강이 쓴 제목이 있었고 완원의 서문까지 들어 있었다. 연경에 갔다가 이 책을 본 이상적은 제주도의 추사를 위해 구해다가 보내주었던 것이다.『대운산방문고』는 먼저 초집初集 4권이 1811년에 간행되었고, 2집은 1815년에 간행되었는데, 이상적은 바로 이 초집과 2집을 구하여 보내주었던 것이다. 추사는 일찍부터 이 책을 구해보려고 무척 애를 썼던 것으로 보인다. 완원의 아들 완복阮福에게『산학계몽』을 보내주면서 이 책을 구해달라고 부탁했지만, 완복은 현재 가지고 있는 게 없다며 다음에 구해주겠다는 답신을 보내왔다. 그렇게 보고 싶던 책을 받은 추사는 너무도 기뻐하며『대운산방문고』를 통쾌하게 읽고 있었다. 1844년 3월에 권돈인에게 보낸 편지는 추사가 이 책을 얼마나 탐독하고 있었는지 보여준다.

『대운고大雲藁』가 합하閤下, 정일품 이상 관리에 대한 호칭의 서재에 수장되어 있다고 하더군요. 제가 일전에 한 번 보았는데 구양수歐陽修와 증공曾鞏의 정파正派로서 운경은 근대의 거벽巨擘, 뛰어난 사람이라 할 만했습니다.

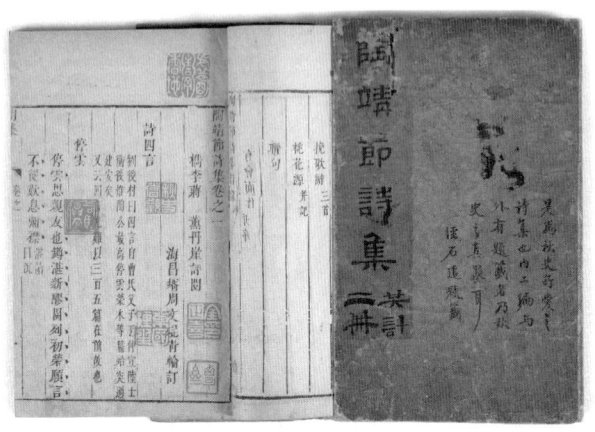

「도정절시집」, 현계정사 소장 | 추사의 수택본으로 표지 제첨은 추사의 친필이다.

그의 의론議論이 종횡무진한 것은 소동파와 비슷하고, 형식은 대단히 엄정하여 왕안석王安石에게도 부끄럽지 않았습니다. …… 초집初集과 이집二集 이외에도 외집外集이 있는데 합하의 서재에 모두 갖춰져 있으면 잠깐 뽑아서 보여주시기를 바랍니다.[55]

추사가 읽은 것은 이 문집의 초집과 이집뿐이었다. 이 책이 권돈인에게도 있다는 이야기를 들은 추사는 그에게 외집이 있는지 묻고 있는 것이다. 유배객 신세로 할 수 있는 게 독서 말고 또 뭐가 있었겠는가? 추사는 이 두 사람의 문집을 손에서 놓지 않았다. 소동파가 영해寧海로 유배 갔을 때 도연명陶淵明과 유종원柳宗元의 문집을 남천이우南遷二友, 남쪽으로 유배 갔을 때의 두 친구라 부르며 좋아했듯이 말이다.

그런데 이번에는 이상적이 『황조경세문편』을 보내온 것이다. 청나라의 하장령賀長齡과 위원魏源이 엮은 책이었다. 모두 120권 79책이나 되는 거질로 1827년에 간행되었다. 조선에서는 1840년, 이정리李正履가 청나라에 사신으로 갔다가 구해온 뒤로 국내의 여러 학자들에게 알려졌다. 이정리는 연암燕岩 박지원朴趾源의 처조카였다. 이정리의 부친이 이재성李在誠인데, 그가 바로 박지원의 처남이었던 것이다. 홍석주洪奭周 또한 이 책을 읽고 그 가치를 높게 평가해, 글을 남겼다.

근래 중국의 학문은 태반이 고증考證 때문에 잘못되어가고 있다. 그 때문에 우리나라에 건너온 책 중에서 송유宋儒, 주자학를 비판하지 않는 책이 거의 없을 정도다. 올 경자년庚子年, 1840에 이심부李審夫, 심부는 이정리의 자가 연행에서 돌아오면서 책을 하나 구해왔는데 『경세문편』이다. 그 책은 호남인湖南人 하장령과 위원이 모은 것인데 모두 120권이다. 앞의 몇 권은 학문을 논의한 것이고 나머지는 모두 사무에 응용하고 실용에 사용하는 글들이다. 화려한 언사로 공허한 말을 늘어놓은 것은 포함되어 있지 않다. 그래서 이름을 '경세經世'라 한 것이다. 근래 새롭게 간행된 책들이 엄청나게 많지만 실용에 도움이 되는 것을 찾아보면 이보다 나은 것이 없다. 학문을 논의한 것 중에는 간혹 문제가 있기도 하다. 그러나 근래에 정주학程朱學, 송나라 때 일어난 신유학을 비방한 글들은 모두 배제하였다. 이따금 무릎을 치며 쾌재를 부를 만한 것들도 있다.[56]

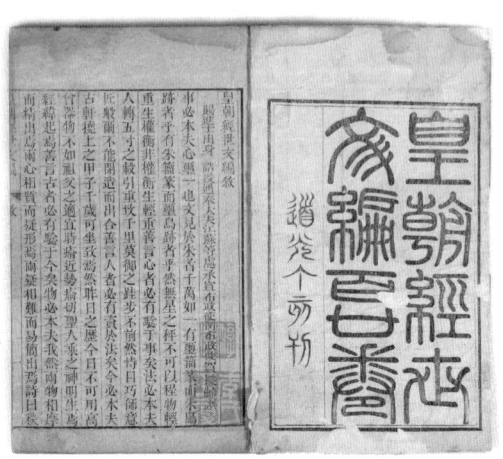

「황조경세문편」, 수경실 소장 | 조선에 제일 먼저 수입된 이정리의
수택본이다.

　　당시 조선의 정통 유학자들에게 북학北學은 경계의 대상이었다. 특히
그들이 신봉하던 주자학을 철저하게 비판하는 고증학 때문에 골머리를 앓
고 있었다. 홍석주 역시 그중 한 사람이었다. 그는 근본적으로 고증학이
문제가 있는 학문이라고 여기지는 않았지만, 적어도 주자학에 대해서만큼
은 자구字句의 의미에만 매달리는 고증학에 대해 아주 비판적이었다. 당시
중국에서 간행된 대부분의 책들은 주자학에 대해 그렇게 비판적이었던 것
이다. 그런데 『황조경세문편』은 달랐다. 실용성을 표방하기도 했지만, 학
문을 논의한 글에서도 주자학을 일방적으로 매도한 글은 싣지 않았던 것
이다. 이상적은 『황조경세문편』이 서울의 지식인들 사이에 회자되자, 바

로 중국에서 구해와 제주도의 추사에게 보냈던 것이다. 그리고『황조경세
문편』은 〈세한도〉의 직접적인 모티프가 되었다. 그림이나 글씨가 종이와
붓만 있다고 그려지고 쓰지는 것은 아니다. 그러한 글씨나 그림을 쓰고 그
릴 수 있는 작가의 흥취가 있어야 가능하다고 추사는 말한다. 추사가 처한
환경 속에서 이상적은 바로 그 흥취가 일어날 수 있도록 모티프를 제공했
던 것이다.

그런데 〈세한도〉에 붙인 추사의 글은 짧지만 이해가 쉽지 않다. 추사의
이 글을 이해하기 위해서는 몇 가지 옛 고사를 알아야 한다. 먼저 나오는
이야기는 사마천의『사기』「정세가鄭世家」의 이야기로 중국 춘추시대 정나
라 때의 일이다.

정나라의 임금인 장공莊公에게는 세 아들이 있었다. 홀忽, 돌突, 자미子亹
가 그들이다. 큰아들 홀의 어머니는 등鄧나라 사람이었고, 둘째인 돌의 어
머니는 송나라의 정경正卿 옹씨雍氏의 딸이었다. 옹씨는 송나라에서 권력
을 가진 인물이었다. 둘째 아들 돌은 든든한 배경을 가지고 있는 셈이었
다. 그런데 임금인 장공이 죽자 정나라의 권력을 장악하고 있던 제중祭仲
은 큰아들 홀을 왕으로 삼았다. 그가 바로 소공昭公이다. 송나라 임금은 홀
이 왕위에 올랐다는 소식을 듣자 아주 화가 났다. 사람을 시켜 제중과 돌
을 송나라로 유인하였다. 그러고는 제중을 협박하여 귀국 후 돌을 왕위에
세우도록 했다. 제중은 송나라의 요구를 수락할 수밖에 없었다. 한편 소공

홀은 제중이 송나라의 협박으로 동생인 돌을 왕위에 세운다는 소식을 듣고 위衛나라로 망명하였다. 귀국한 제중은 돌을 왕위에 세웠다. 그가 바로 여공厲公이다.

여공이 즉위한 후 몇 년이 흐르자 제중은 국정을 전횡하였다. 이를 걱정한 여공은 제중을 제거하기로 결심했다. 제중의 사위 옹규雍糾에게 그 일을 시켰다. 옹규는 이 일을 아내에게 이야기했고, 옹규의 아내는 다시 자신의 어머니인 제중의 부인에게 털어놓았다. 그런데 이 사실을 알게 된 제중이 오히려 옹규를 죽여버렸다. 그해 여름 여공은 정나라의 수도에서 나와 역櫟 지역에 머물고 있었다. 이 틈을 타서 제중은 소공 홀을 맞아들여 재빨리 즉위시켜버렸다. 그러자 여공은 정나라에서 파견되어 있던 대부大夫 단백單伯을 죽이고 역 지역에 정착하였다. 여공이 쫓겨났다는 소식을 들은 제후들은 여공을 복귀시키기 위해 정나라를 여러 번 공격했으나 성공하지 못했다. 송나라에서는 어쩔 수 없이 여공이 역 지역에서 무사히 지낼 수 있도록 군사를 보내 지켜주었다. 이 때문에 정나라에서도 여공을 공격할 수 없었다. 여공은 이렇게 그곳에서 17년을 지냈다. 그사이 정나라에서는 소공이 죽었고, 그의 아우 자미가 왕위에 올랐다가 역시 죽음을 맞았다. 다시 진陳나라에 머물고 있던 자미의 아우 영嬰을 불러와 왕위에 오르도록 했다. 그가 바로 정자鄭子이다.

이후 정나라의 국정을 장악하고 있던 제중이 죽자 여공은 생각이 달라졌다. 정나라로 돌아가고 싶었다. 사람을 시켜 정나라의 대부 보하甫瑕를 유인하여 자신이 왕위에 오를 수 있도록 도우라고 협박했다. 보하는 여공의 요구대로 정자를 죽인 뒤 여공을 왕으로 맞이하겠다고 약속했다. 정나라로 돌아간 보하는 약속대로 정자와 그의 두 아들을 죽인 후 여공을 맞이했다. 여공은 귀국하자 백부伯父인 원原을 꾸짖었다.

"내가 국외에 망명하여 지낼 때 백부께선 나를 맞아들일 생각을 하지 않으셨습니다. 참 심하셨습니다."

그러자 원이 말했다.

"임금을 섬길 때에는 두 마음을 품지 않는 것이 신하의 도리입니다. 제 죄를 압니다."

그러고는 자결하였다. 그러자 여공은 보하에게 말했다.

"그대는 임금을 섬김에 두 마음을 가지고 있었다."

그러고는 보하를 죽였다. 보하는 죽기 전에 이렇게 말했다.

"큰 덕을 베풀면 보상받지 못한다더니 참으로 그렇구나."

사마천은 『사기』「정세가」를 끝맺으면서 이렇게 말했다.

"권세나 이권 때문에 어울리게 된 사람들은 권세나 이권이 떨어지면 만나지 않게 된다"는 말이 있다. 보하의 경우가 그렇다. 보하는 비록 협박을 받아 정자를 죽이고 여공을 맞아들였지만 여공은 끝내 보하를 배신하고 죽여버렸다.

추사는 여기서 이상적의 의리를 치켜세운다. 태사공이 말하지 않았던가. 권세나 이권 때문에 어울리게 된 사람들은 그 권세나 이권이 떨어지면 만나지 않게 된다고 말이다. 세상 사람 중에 그렇지 않은 사람이 어디 있단 말인가. 그런데 그대는 어찌해서 세상의 이런 풍조에 휩쓸리지 않고 홀로 초연할 수 있단 말인가. 태사공의 말이 틀렸단 말인가. 어떻게 당신 같은 사람이 있을 수 있단 말인가. 사실 추사의 입장에서 태사공의 말은 정확한 것이었다. 억울하게 유배객이 된 것도 그렇지만, 그렇게 가깝게 지내던 사람들도 대부분 소식이 끊겨버렸다. 겨우 초의와 같은 승려나 몇몇 여항인들만이 추사를 끝까지 따랐을 뿐이었다. 그렇지만 이들은 추사를 이 사지에서 구해줄 힘이 없었다. 정작 힘 있는 사람들은 추사와 애써 소식을 끊고 지냈던 것이다. 이런 상황에서 이상적의 의리는 추사에게 눈물겨운 일이었을 것이다.

여기서 추사는 『논어』의 한 구절을 떠올린다. 「자한」편에 나오는 '세한연후지송백지후조歲寒然後知松柏之後凋'라는 구절이다. '세한'이란 추운 계절, 즉 겨울을 가리킨다. '후조後凋'는 순서대로 번역하면 '뒤늦게 시든다'는 말이 된다. 그런데 이렇게 번역하면 시들기는 하지만 다른 나무들보다는 늦게 시든다는 말이 된다. 절개가 변하긴 하는데 다른 사람보다 늦게 변한다는 말이다. 올바른 번역이라 할 수 없다. 여기서는 뒤에서부터 번역하여 '시드는 것을 뒤로한다'로 해석해야 한다. 시드는 것을 뒷전으로 한다는 말은 곧 시들지 않는다는 말이다. 이렇게 풀이해야 공자의 말이 '겨울이 되어서야 소나무와 잣나무가 시들지 않는다는 것을 알게 된다'는 의미로 해석된다. 날씨가 추워지고 눈이 내리면 다른 나무들의 잎은 모두 지고 없다. 그렇다고 소나무와 잣나무의 잎이 그 다음에 떨어지는 것은 아니다. 소나무와 잣나무의 잎은 사시사철 지는 법이 없다. 언제나 푸른 잎을 자랑한다. 사람들은 봄이나 여름, 그리고 가을까지만 해도 이 사실을 잘 모른다. 겨울이 되어 다른 나뭇잎이 모두 지고 나서야 소나무와 잣나무의 잎이 시들지 않는다는 것을 알게 된다. 공자 역시 그랬던 것이다. 겨울이 되고 나서야 잣나무와 소나무를 보고 마음속에 느낀 바가 있어 그런 말을 했던 것이다.

이상적도 마찬가지였다. 추사 자신이 제주도로 유배되기 전에도 이상적은 자신에게 너무도 잘 대해줬다. 연행을 가면 언제나 추사를 위해 수많은 책들을 구해다주었고, 새로운 정보를 제공해주었다. 그렇게 보고 싶던 완원의 『황청경해』를 가져다준 사람도 바로 이상적이었다. 그런데도 추사는 이상적에게 그다지 고마움을 느끼지 못했다. 다른 사람들도 자신을 잘 대했기 때문이었다. 그런데 상황이 달라졌다. 머나먼 바다 건너 제주도로 온 뒤 사람들은 추사를 이전처럼 잘 대하지 않았다. 심지어 소식을 끊기도 하였다. 하지만 이상적은 추사가 유배중인데도 이전과 변한 게 없었다. 여전히 어렵게 구한 책들을 보내주었고, 청나라의 새로운 소식을 끊임없이 전해주었다. 추사는 여기서 깨달았다. 공자가 왜 겨울이 되어서야 잣나무와 소나무의 잎이 시들지 않는다는 사실을 알았다고 말했는지 말이다. 겨울이 되어서야 소나무와 잣나무의 잎이 영원히 푸르다는 것을 깨닫듯이, 유배객 신세가 되어서야 이상적의 의리를 새삼 깨달았던 것이다. 우선! 그대는 진정 송백과 같은 사람이구나.

이제 추사는 다시 『사기』의 「급정열전汲鄭列傳」을 인용해 글을 맺는다. 급암과 정당시의 열전에 붙인 사마천의 평이다.

급암과 정당시 같은 어진 사람들도 세력이 있을 때에는 찾아오는 손님이 열 배가 되었다가 세력이 없어지면 흩어졌는데, 하물며 보통 사람들이야 어떻겠는가? 하비현下邳縣의 적공翟公은 이런 말을 했다. 처음에 적공이 정위廷尉가 되자 찾아오는 손님들이 문을 메울 지경이었지만, 벼슬을 잃게 되자 문밖에 새 그물을 칠 수 있을 정도로 찾는 사람이 적었다. 적공이 다시 정위가 되자 빈객들이 찾아오려고 했다. 그러자 적공은 문에다 이렇게 써 붙였다. "한번 죽었다 한번 살아나봐야 사귀는 정을 알게 되고, 한번 가난해졌다 한번 부유해져봐야 사귀는 태도를 알게 된다던데, 나는 한번 귀해졌다 한번 천해졌더니 사귀는 정이 드러났다." 급암과 정당시 또한 그랬다 할 것이다. 슬프구나!

급암은 직언을 잘하기로 유명하였다. 조정은 그가 있는 것만으로도 질서가 잡힐 정도였다. 한번은 천자가 학자들을 불러놓고 이렇게 말했다.

"나는 인의仁義를 베풀려고 한다."

그러자 급암이 말했다.

"폐하께서는 속으론 욕심이 많으면서 겉으로만 인의를 베풀려고 하십니다. 그래서야 어찌 요임금이나 순임금의 정치를 본받을 수 있겠습니까?"

천자는 말할 수 없을 만큼 노했다. 낯빛이 변하여 조회를 중지하였다. 대신들은 모두 급암을 걱정했다. 무제武帝는 물러나오면서 좌우에 이렇게 말했다.

"급암의 우직함이 너무 심하구나."

어떤 신하가 급암을 꾸짖자 급암은 이렇게 말했다.

"천자께서 대신을 두어 보필하게 하셨는데 신하 된 사람이 아첨하여 천자의 뜻만 따르면서 그를 불의에 빠지게 하겠는가? 이미 그 지위에 앉아 있는 이상 자기 몸이 아무리 아깝더라도 조정을 욕되게 해서야 되겠는가?"

급암의 간언은 이렇게 매서웠다. 한번은 무제가 장조莊助에게 물었다.

"급암은 어떤 사람이오?"

"급암은 보통 벼슬자리에 앉히면 남보다 뛰어난 점이 없습니다. 그러나 나이 어린 임금을 보필함에 있어선 그 본성을 굳고도 깊게 지켜 어떤 조건으로 불러도 오지 않고 손짓하여 불러도 가지 않습니다. 비록 맹분孟賁, 중국 제齊나라의 용사 이름이나 하육夏育, 전국시대의 용사을 자처하는 용사가 나서도 그의 절조는 빼앗을 수 없습니다."

무제는 대장군을 만날 때에도 침대에 걸터앉아 만나기도 했고, 다른 신하를 만날 때에는 관을 쓰지 않은 경우도 있었지만, 급암을 만날 때만큼은 관을 쓰지 않은 적이 없었다. 그만큼 급암은 천자로부터 존경을 받았던 것이다. 그러나 그 곧은 성격 때문에 급암은 벼슬살이에서는 부침이 있었다.

정당시는 사람 천거하기를 좋아하고 기개가 있었다. 그가 태사로 있을 때 문하에 있는 사람들에게 이렇게 주의를 주었다.

"손님이 찾아왔을 때에는 그 손님의 지위가 귀하고 천한 것을 가리지 말고 집 안으로 모셔 들이라."

그는 이렇게 주인이 손님을 맞는 예를 다하여 높은 지위에 있으면서도 남에게 몸을 굽혔다. 하지만 너무나 청렴하여 자신의 살림살이는 제대로 돌보지 않았다. 급여나 하사품을 받으면 여러 사람들에게 나누어주었다. 조정에 있을 때에는 언제나 온화한 태도로 황제의 뜻을 따랐고 일의 옳고 그름을 심하게 따지지 않았다. 그런데 그는 자신이 천거한 사람이 일을 잘못하여 죄를 짓게 되었고 이 때문에 서민으로 강등되었다. 얼마 뒤에 다시 장사長史에 오르기도 하였다.

급암이나 정당시는 이처럼 훌륭한 인물들이었지만 이들에게 세력이 있을 때에는 손님들이 몰려들었어도 세력이 약해지면 손님들도 흩어졌던 것이다.

적공의 글은 정치판의 염량세태를 적나라하게 표현한 말이다. 한번 죽었다가 다시 살아나봐야 상대방의 진심을 알게 되고, 한번 가난해졌다가 한번 부자가 되어봐야 상대방이 어떻게 처신하는지 알게 된다는데, 적공은 정위 벼슬을 했다가 그 자리에서 물러나서 사귀는 정을 알게 되었던 것이다. 사람들이 왜 자신의 집 앞에 가득했었는지 그 진심을 알게 된 적공은 그런 사람들을 다시는 만나고 싶지 않았던 것이다. 어찌 적공만 그런 생각을 했겠는가. 급암과 정당시 또한 같은 말을 했을 것이다. 그러니 추사 자신이라고 다를 게 무엇이겠는가. 얼마나 슬픈 현실인가. 추사는 마지막 부분을 '비부悲夫!'라는 말로 마무리했다. 태사공이 「급정열전」의 마지막에 썼던 바로 그 문구였다. 태사공의 심정을 추사는 가장 현실적으로 느끼고 있었던 것이다. 그런 추사에게 이상적은 정말 시류에 초연한 송백과 같은 인물이었다. 다른 친구들은 어디로들 갔단 말인가. 슬프구나. 비부悲夫!

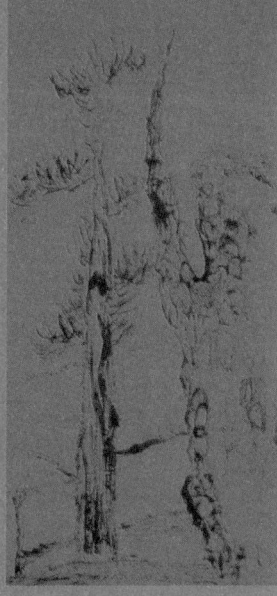

7

오디세이
〈세한도〉

〈세한도〉의 유랑은 여기서 그치지 않았다. 1944년 여름, 2차 세계대전이 막바지로 치닫고 있을 무렵 후지츠카는 서둘러 일본으로 귀국했다. 당연히 〈세한도〉도 후지츠카가 일본 동경으로 가져가버렸다. 이 소식을 전해 들은 소전素荃 손재형孫在馨, 1902~1981은 그 길로 공습이 진행되는 동경으로 달려갔다. 그리고 그의 끈질긴 노력으로 〈세한도〉는 다시 국내로 돌아오게 되었다. 〈세한도〉를 손재형에게 보낸 뒤, 후지츠카의 집은 폭격으로 잿더미가 되었다. 그가 추사 연구를 위해 평생을 모아온 수많은 자료들도 대부분 흔적도 없이 사라져버렸다. 그리고 후지츠카는 그로부터 몇 년이 지난 1948년 겨울 세상을 떠나고 말았다.

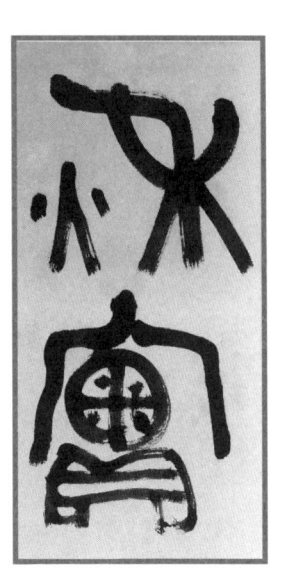

〈세한도〉에는 한겨울의 풍경이 담겨 있다. 그렇다고 〈세한도〉가 겨울에 그려졌다는 의미는 아니다. 〈세한도〉는 풍경을 그린 게 아니라, 이상적의 곧은 절개에 감복한 추사가 자신의 심정을 표현한 그림이다. 추사 자신이 서문에서 밝히고 있듯이 아주 힘들게 멀리 중국에서 구해온 귀한 서적들을 힘 있는 사람들에게 바치지 않고, 별볼일없는 유배객에게 보내준 이상적의 마음 씀씀이가 너무도 고마워 그의 변함없는 절개를 그림으로 나타낸 것이다. 하지만 그렇게 탄생한 〈세한도〉의 앞길은 가시밭길이었다.

〈세한도〉를 언제 그렸을까? 추사의 글이나 그림에는 그린 날짜가 나타나 있지 않다. 다른 기록이 남아 있는 것도 아니다. 아쉬운 대로 〈세한도〉를 받아든 이상적이 추사에게 보낸 편지의 일부가 알려져 있을 뿐이다.

〈세한도〉 한 폭을 엎드려 읽으려니 저도 모르게 눈물이 흘러내립니다. 어찌 이렇게 분에 넘친 칭찬을 하셨으며 감개가 절절하셨단 말입니까? 아! 제가 어떤 사람이기에 권세나 이권을 좇지 않고 스스로 초연히 세상의 풍조에서 벗어났겠습니까? 다만 보잘것없는 제 마음이 스스로 그만둘 수 없어 그런 것입니다. 더욱이 이런 책은 마치 문신을 새긴 야만인이 선비들의

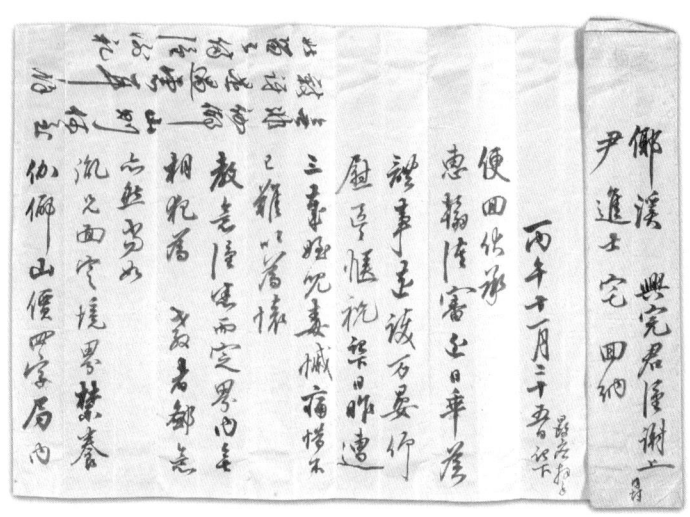

흥완군 이정응 간찰, 수경실 소장 | 1846년에 쓴 흥완군의 친필 간찰이다.

장보관章甫冠을 쓴 것과 같아서 변덕이 죽 끓듯 하는 정치판에 있는 사람들에게는 적합하지 않으므로 저절로 청량清凉 세계에 있는 사람에게 돌아가기 마련입니다. 어찌 다른 의도가 있겠습니까? 이번에 이 그림을 가지고 연경에 들어가서 장황을 한 다음 친구들에게 구경을 시키고 제영을 부탁할까 합니다. 다만 걱정스러운 것은 그림을 구경한 사람들이 제가 정말로 속물에서 벗어나 권세와 이권의 밖에서 초연하다고 생각할까 하는 것입니다. 어찌 부끄러운 일이 아니겠습니까? 당치 않은 일입니다.

〈제정도시題靜濤詩〉 세 폭도 장황한 다음 그 말미에 정도靜濤의 기문을 부탁하면 더욱 좋겠습니다. 이 밖에도 예서로 쓴 글씨들은 모두 교분에 따라 여러 사람들에게 나눠주겠습니다. 왕희손汪喜孫, 자는 맹자孟慈과 장요손 張曜孫, 자는 중원仲遠의 소식도 알아보겠습니다.[57]

〈세한도〉를 받아든 이상적은 눈물을 흘리며 서문을 읽어내려갔다. 추사를 스승으로 받들며 지내온 시간들이 한순간에 머릿속을 맴돌았을 것이다. 추사의 심정을 누구보다도 잘 헤아리고 있던 이상적은 흐르는 눈물을 훔치며 〈세한도〉를 잘 포장하여 행장 속에 넣었다. 그는 이번 사행에 이 그림을 가지고 가기로 마음먹었다. 연경에 가면 친구들을 만나 자랑하고 그들의 시문도 받아 함께 장황表具와 같은 말로 서화를 여러 가지 형태로 꾸미는 것할 요량이었다. 이상적은 추사에게 편지를 써서 그 사실을 알렸다. 여기서 이상적은 자신이 청나라에서 어렵게 구한 책들을 권세가들에게 선물하지 않고 추사에게 보낸 것은 자신이 속세의 풍조에서 벗어난 고고한 사람이라서 그런 게 아니라, 그들에게 이런 책들을 주어봐야 그 책의 가치를 알지 못할 것이기 때문이었다고 겸손해한다. 그 책들은 어차피 스승인 추사의 몫이었고, 자신이 뭐 대단한 사람이라서 이권을 포기하고 추사에게 그 책들을 선물한 게 아니라는 것이다. 그러면서 이상적은 이번 연행에 〈세한도〉를 가져가 청나라 친구들에게 보이고 그들의 제영을 받아올 것이란 소식을 전한다. 이 편지를 받은 추사는 누구보다도 기뻤을 것이다. 벌써부터 추사는 이상적의 귀국을 손꼽아 기다리고 있었다.

그런데 이 편지를 보면 이상적은 〈세한도〉뿐만이 아니라, 〈제정도시〉 세 폭도 가지고 가겠다는 이야기를 하고 있다. 〈제정도시〉란 무엇일까? 1843년 8월 25일 헌종의 부인 효현왕후1828~1843가 사망하자, 조선에서는 청나라에 그 사실을 알리는 사신을 보냈다. 이를 고부사告訃使라 부른다. 이에 청나라에서는 사신을 보내 왕비의 죽음을 조문하였다. 조문단이 서울에 도착한 것은 1844년 2월 21일이었고, 조문을 마친 일행은 2월 24일에 서울을 떠나 귀국길에 올랐다. 그때 청나라의 정사가 호부우시랑戶部右侍郎 백준柏俊이었는데, 그의 자字가 정도靜濤이다. 그는 청렴하기로 이름이 나 있었으며 훗날 문연각대학사文淵閣大學士에 올랐다. 이상적은 그가 서울에 머무는 동안 그와 가깝게 지냈던 것으로 보인다. 이상적의 문집에는 그의 시에 차운次韻, 남의 시에서 운자를 따 시를 지음한 시 3수가 실려 있고, 「속회인시續懷人詩」에서도 이상적은 백준을 회상하고 있다. 『해린척소』에도 백준이 우선에게 보낸 편지가 실려 있어 그런 정황을 전해주고 있다. 이상적은 바로 이 백준이 지은 시를 추사에게 보내주었을 것이다. 이 시를 받아본 추사는 다시 그 백준의 시에 제발題跋을 써서 이상적에게 보냈던 것이다. 그리고 이상적은 연행에서 추사가 보낸 제발문을 백준에게 보여주었던 것으로 보인다. 날짜가 기록되어 있진 않지만 『해린척소』에 실린 이상적에게 보낸 백준의 편지가 그것을 증명하고 있다.

어제 보내주신 선물은 받았습니다. 아울러 추사선생의 수권手卷, 글씨를

쓴 두루마리을 보여주셨는데 과분한 칭찬에 부끄럽고 감사합니다.[58]

분명한 것은 조문을 마친 백준 일행이 귀국한 뒤, 이상적은 추사에게 서책을 포함한 여러 가지 물건을 보냈다는 사실이다. 여기에는 『황조경세문편』도 포함되어 있었을 것이다. 다만, 1843년 겨울에 떠났던 동지사冬至使가 3월 29일에 귀국했기 때문에 이상적이 추사에게 이런 자료들을 보낸 것은 4월이나 그 이후였을 것이다. 그리고 이상적으로부터 『황조경세문편』 등을 받은 추사는 〈세한도〉뿐만이 아니라, 〈제정도시〉 및 여러 종류의 예서를 써서 이상적에게 보낸 것이다. 이상적의 편지는 바로 이런 사실들을 우리에게 알려주고 있다.

〈세한도〉를 그린 시기를 추정하기 위해 해결해야 할 가장 중요한 문제는 추사가 언제쯤 이상적에게 〈세한도〉를 보냈느냐는 것이다. 이 점 역시 명확한 자료가 남아 있지 않다. 다만, 추사는 그해 세 차례에 걸쳐 권돈인에게 편지를 보냈다. 문집에는 기록이 없지만, 별도로 전하고 있는 필사본 『척독』에는 권돈인에게 편지를 보낸 달이 표기되어 있다. 그에 따르면 추사는 3월, 8월, 그리고 10월에 권돈인에게 편지를 보낸 것으로 확인된다. 제주도에서 뭍으로 편지를 보내는 일은 무척 어려웠다. 아무 때나 사람을 보낼 수 없었기 때문이다. 무엇보다도 날씨가 관건이었다. 따라서 권돈인에게 편지를 보내는 인편에 이상적에게도 편지를 보냈다고 추정하는 데에는 큰 무리가 없어 보인다. 그런데 이중 3월은 전해에 떠난 사행이 청나라에서 귀국하기 전이고, 그해 겨울 동지사도 확정되지 않은 상황이었기 때문에 대상에서 제외키로 한다. 그럼 8월과 10월이 남지만, 10월에 제주에서 편지를 보냈다면 아무리 빨리 보냈다 해도 사행使行이 10월 26일에 출발했으므로 제시간에 오기는 힘들었을 것이다. 그렇다면 가장 적정한 시기는 8월이 될 것이다.

그런데 이상적의 편지를 자세히 읽어보면, 추사는 이미 이상적의 연행 사실을 알고 있었다는 것이 확인된다. 그 때문에 이상적에게 예서 글씨를 여러 폭 써서 보내주었고, 왕희손과 장요손의 소식을 알아봐달라는 부탁을 했던 것이다. 〈제정도시〉도 연행을 알고 있던 상황이었기에 가능했던 작품이다. 또한 이는 이상적의 연행이 확정된 6월 이후에 추사에게 소식이 전해졌다는 방증이다. 그렇다면 제주와 서울을 왕복하는 시간이 최소 1개월 정도는 걸렸을 것으로 추정할 때, 추사가 세한도를 그린 시기는 7~8월경이 될 것이다. 〈세한도〉의 제작 목적이 중국의 문사들에게 보여주기 위한 것이었음을 시사한다고 볼 수 있는 점이다. 추사는 이상적의 절개를 소재로 한 문인화의 정수를 보여주고 싶었을지도 모른다. 자신이 평생 연구한 필묵법을 통해 이룩한 문인화의 경지를 보여주고 싶었을 것이다. 연경에서 이상적의 명성을 높일 수 있을 뿐만이 아니라, 추사의 명성까지 함께 날릴 수 있는 계기가 될 수 있기 때문이다. 이상의 내용을 요약해보면 이상적은 백준 일행이 돌아가고 동지사가 귀국한 뒤인 4~6월경에 추사에게 자료들을 보냈고, 이를 받아본 추사는 7~8월경에 〈세한도〉를 그린 다음 8월에 인편으로 이상적에게 보냈었다고 추정할 수 있다. 그리고 〈세한도〉를 받아든 이상적은 추사에게 감동의 편지를 보내고 연행길에 올랐던 것이다.

이상적이 연경에 도착했다는 소식이 전해지자 이상적과 교분이 깊던 청나라의 친구들은 서로 연락을 취하며 모여들었다. 이상적은 바쁜 일정 속에서 그들과 모임을 가지기 어려웠지만, 친구들은 연경에 온 이상적과 만나 회포를 풀기 위해 잔치를 벌이기로 했다. 드디어 1845년 1월 13일, 오찬吳贊의 집에서 연회를 열기로 결정되었다. 초대장은 장요손이 작성하였다. 장요손은 오찬의 손아래 처남으로 이때 오찬의 집에 머물고 있었다. 1월 7일에 보낸 초대장에서 장요손은 1월 13일의 모임을 이상적에게 알렸다.

여기 보내드리는 초대장은 그대가 13일에 찾아주시기를 요청하는 것입니다. 한번 회포를 풀고 하루 종일 즐겨보시지요. 여러 친구들이 모두 모이기로 했으니 일찍 찾아주시면 좋겠습니다.[59]

초대장을 받은 이상적은 1월 13일에 오찬의 집으로 찾아갔다. 그날 그곳에는 모두 17명의 중국 친구들이 모였다. 명단을 열거하면 다음과 같다.

장악진章岳鎭, 오찬吳贊, 조진조趙振祚, 반준기潘遵祁, 반희보潘希甫, 반증위潘曾瑋, 풍계분馮桂芬, 왕조汪藻, 조무견曹楙堅, 진경용陳慶鏞, 요복증姚福

埔, 주익지周翼墀, 장수기莊受祺, 장목張穆, 장요손張曜孫, 황질림黃秩林, 오준吳儁.[60]

이렇게 모인 자리에서 이상적은 추사의 이야기를 꺼냈다. 추사가 유배된 뒤로 이상적은 이미 편지를 통해 연경의 친구들에게 추사의 유배 사실을 알렸지만, 다시 한번 추사의 안타까운 상황을 이야기하며 추사가 자신에게 그려준 〈세한도〉를 꺼내놓았다. 그곳에 모인 친구들에게 제영을 써달라고 부탁하기 위해서였다. 그들은 추사와 이상적의 우정을 기리고, 이상적의 절개를 칭송했으며, 추사의 외로운 상황을 가슴 아파하며 위로하기도 했다. 그들은 이런 내용을 시와 글로 표현했다. 귀국한 이상적은 그들의 제영을 추사에게 보내주었다.

추사는 제영을 쓴 인물들을 잘 알지 못했다. 하지만 그토록 소식을 듣고 싶어했던 장요손의 이름을 보고는 무척 반가워했을 것이다. 또한 추사와 만난 적도, 편지를 주고받은 적도 없었지만 장목1805~1849은 추사에게 편지를 쓰고 완원의 저서인 『시서고훈詩書古訓』과 자신의 저서인 『고정림연보顧亭林年譜』를 함께 보내주었다. 그런데 추사는 뜻밖에 조진조란 인물을 제영에서 보고는 흥분하여 이상적에게 편지를 썼다.

세한시歲寒詩 속에 보이는 조진조趙振祚, 자는 궁첨宮詹는 과연 어떤 인물이던가? 그 사람됨을 파악하였는가? 시 짓는 장소나 술 마시는 장소에서 행동하는 것이 다른 사람들과 마찬가지이던가? 이 사람은 신수申受 유봉록劉逢祿 선생의 생질甥姪이 되는 사람이네. 신수 선생은 여러 생질 중에서도 궁첨을 아꼈네. 신수 선생이 특별히 아낀 것을 보면 그 사람이 무리 중에서 뛰어나 반드시 외가의 기풍을 지녔으리라는 것을 알게 되었네. 그래서 마음속으로 그리워한 지가 여러 해 되었지만 서로 연락할 인연은 없었네. 그런데 이제 다행히 세한시 속에서 만나게 되었네. 반드시 나를 위해 소식을 전하여 해외에도 궁첨 선생의 풍채를 그리워하는 사람이 있다는 것을 알게 하는 것이 좋을 것이네.[61]

추사는 일찍이 『유예부집劉禮部集』을 통해 유봉록의 학식에 경도되어 있었다. 그리고 그 책을 통해 유봉록의 생질 조진조란 인물에 대해서도 익히 알고 있었다. 그런데 그 조진조가 자신이 그린 〈세한도〉에 제영을 남겼으니 이런 우연이 어디 있겠는가. 추사는 〈세한도〉에 붙인 청조 문사들의 제영을 보고 다시 힘을 얻었다. 어찌 보면 그가 살아야 할 목표가 생겼다고 할 수도 있을 것이다. 그를 알아주는 사람들이 있다는 것을 확인한 추사로서는 분명 삶의 새로운 목표를 얻었을 것이다.

그러나 이후 추사의 〈세한도〉에 관한 기록은 어디에도 나타나지 않는다. 추사의 글에서도 이상적의 글에서도 보이지 않는다. 다른 사람들의 시문에서조차 〈세한도〉를 보았다거나 들었다는 이야기는 나타나지 않는다. 완전히 잊힌 그림이 된 것이다. 그런데 최근 이 그림의 제영을 필사한 기

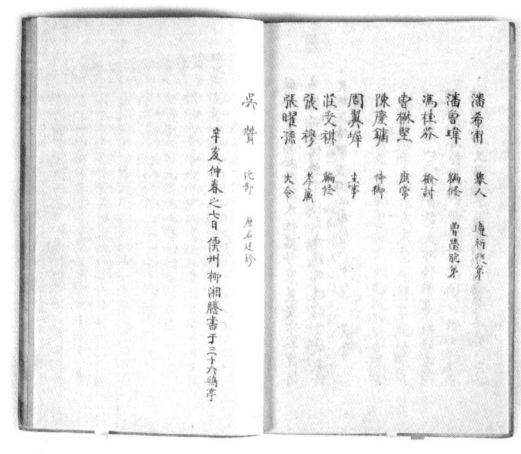

潘希甫　寨人　通判汜系
潘曾瑋　鴻臚　曾䕃貼身
馮桂芬　檢討
曾㷔照　庚午
陳慶鏞　侍御
周冀埼　主事
莊受祺　鴻臚
張　穆　孝廉
張曜孫　大令
吳　贄　比部　　原石鉴珍

辛亥仲春之七日　儒州柳湘謄書于三十六鷗亭

록이 나타났다. 「세한도서」와 제영, 그리고 세한도제영인歲寒圖題詠人의 순서로 필사되어 있는데 끝에는 필사기가 남아 있다.

　　신해년辛亥年, 1851 2월 7일 유주儒州 유상柳湘이 삼십육구정三十六鷗亭에서 베껴 썼다.[62]

　　1851년은 추사가 제주도 유배에서 풀려나 서울의 강상江上, 용산의 한강변으로 추정에서 머물고 있을 때이다. 이 무렵 추사는 여러 젊은이들에게 서화를 가르치며 소일하고 있었다. 유상은 이때 추사로부터 글씨를 배웠다. 추사는 그를 위해 '잔서완석루殘書頑石樓'라는 횡액을 써주기도 했는데, 유상은 1851년 2월 7일에 추사가 노닐던 삼십육구정에서 〈세한도〉를 감상했던 것으로 보인다. 그리고는 〈세한도〉를 제외한 서문 및 제영과 제영인들의 명단을 베껴놓았다. 유상의 기록은 몇 가지 측면에서 아주 중요한 의미를 지닌다. 앞서 살펴보았듯이 〈세한도〉에 붙어 있는 추사의 글에 「세한도서」라는 이름을 붙여놓은 점에서 그렇다. 추사의 글은 그의 문집에 편지로 편입되어 있었지만, 당시에는 서문으로 인식하고 있었다는 것을 말해주는 것이다. 또한 제영인의 명단에 속한 사람이 13명에 불과하다는 점도 눈여겨볼 만하다. 이는 지금까지 16명으로 알려진 것과는 다르다. 제영의 순서도 현재의 모습과는 다르다. 여기에 등장하는 인물을 순서대로 열거하면 다음과 같다.

장악진, 조진조, 반준기, 반희보, 반증위, 풍계분, 조무견, 진경용, 주익지, 장수기, 장목, 장요손, 오찬.

이것을 어떻게 이해해야 할까? 이상적이 연경의 모임에서 〈세한도〉를 보여줬을 때 참석자들 모두가 그 자리에서 제영을 남긴 게 아니라는 의미이다. 아마도 일부는 이상적이 떠나기 전에 글을 지어주었을 것이고, 나머지는 귀국한 후에 인편에 보내주었을 것이다. 그 때문에 그로부터 6년이 지난 1851년 2월 7일, 유상이 〈세한도〉를 감상할 때만 해도 제영인은 13명이었던 것이다. 나머지 제영을 남긴 세 사람 중에서 오순소吳淳韶는 모임에 참석하지 않았던 인물이고, 왕조와 요복증은 모임에 참석했으면서도 제영이 없는 것으로 보아 훗날 이상적에게 제영을 보내줬을 것으로 보인다. 그리고 모임에 참석한 인물 중에서 황질림과 오준은 제영을 쓰지 않았다. 이 밖에도 진상업은 이상적의 요청으로 제영을 지어 이상적에게 보내줬지만, 현재 〈세한도〉의 제영에는 첨부되어 있지 않다. 이상적은 〈속회인시〉에서 진상업을 이렇게 회고하고 있다.

〈세한도〉 노래한 시 부쳐 보내니   寄題歲寒圖

소나무와 잣나무엔 빛이 났다네.   松柏生輝光[63]

이를 보면 진상업이 〈세한도〉를 노래한 시를 지어 이상적에게 보내준 것은 분명하다. 이는 〈세한도〉의 제영들이 한 번에 만들어진 것이 아니라, 지속적으로 만들어졌음을 의미한다. 이상의 내용을 종합해보면 이상적은 13명의 문사들로부터 〈세한도〉 제영을 받은 후 징목의 제첨을 받아 1차 장황을 했던 것으로 추정할 수 있다. 추사가 제주도에서 감상했던 〈세한도〉에는 13명의 제영만이 남아 있었을 것이다. 이후 〈세한도〉는 다시 자취를 감추고 만다.

〈세한도〉가 다시 모습을 드러낸 것은 20세기의 일이다. 하지만 〈세한도〉의 주인은 이미 바뀌어 있었다. 이상적의 제자인 역관 김병선金秉善, 1830~?의 아들 김준학金準學, 1859~?이 그 주인이었다. 김준학의 등장은 〈세한도〉의 유전 과정에서 중요한 의미를 지닌다. 현재 〈세한도〉의 장황 형태가 김준학에 이르러 그 틀이 완성된 것으로 보이기 때문이다. 더구나 그는 이상적의 제자인 김병선의 아들이므로 〈세한도〉가 그의 수중에 있었던 것도 이해할 수 있는 대목이다. 그간의 사정은 알 수 없지만 김병선은 〈세한도〉를 새롭게 꾸몄던 것으로 보인다. 지금 〈세한도〉는 횡권橫卷, 옆으로 만 두루마리으로 되어 있고 '완당세한도阮堂歲寒圖'라는 제첨은 장목의 글씨이다. 당시의 모습을 정확히 알 수는 없다. 유일한 자료는 유상이 남겨놓은 기록인데, 이 기록대로라면 앞서 살펴본 대로 처음 〈세한도〉에는 13명의 제영만 있었다고 할 수 있다. 이후 김준학에 이르러 2차 장황을 하면서 16인의 제영이 포함된 형태로 꾸며졌다고 볼 수 있다. 현재 〈세한도〉의 앞부분에 있는 김준학의 설명을 보자.

완당세한도

갑인년1914 봄 정월에 후학 김준학이 쓴다.

소나무 잣나무의 굳은 정조貞操는

범속과 어울릴 수 없는 법이라

오랫동안 바위틈에 몸을 맡기니

아무도 부여잡고 오를 수 없네

그 옛날 완당의 어르신 한 분

기상은 절벽을 깎아지른 듯

문하의 제자들도 그를 닮아서

도의와 문장에 뛰어났다네.

우옹藕翁이 연경에 사신 갈 즈음

〈세한도〉그림 그려 전해주었고

우옹은 그림 들고 만 리 달려가

명사들의 제영을 받아왔는데

묵묘墨妙, 그림이 훌륭한는 무지개가 달에 걸린 듯

돌고 돌아 우리집에 흘러왔다네.

세월은 어느덧 60년이 훌쩍

운수가 다하여 그분들도 안 계시네.

여기에 후조後凋 바탕 묘사하여서

그 감회 조금이나 부쳐본다네.

〈세한도시〉를 차운하여 악양嶽陽에 여행중인 종숙從叔 성년星年씨에게
보내드려 60회 생신을 축하한다.

갑인년1914 2월 20일에 둔암생遯菴生은 개성군開城郡 북산北山의 채묵헌
彩墨軒에서 쓴다.

내가 두루마리 맨 앞에 큰 글씨로 다섯 자를 썼는데, 이제 다시 그 끝에
내 시를 더 쓴다. 시운詩韻은 편수編修 풍계분馮桂芬, 자는 경정(景亭)의 것을
사용했다. 그는 초서를 잘 썼는데, 우옹은 〈회인시〉에서 '비바람 몰아치듯

글씨를 써나가니, 종이 가득 초성草聖, 왕희지이 전해온다네'라고 노래했다. 지금 내가 병든 팔로 서투르게 글씨를 쓰고 보니 귀한 두루마리를 더럽힌 것 같아 몹시 부끄럽다.

이어 김준학은 중간에도 「가장세한도시家藏歲寒圖詩」라는 시를 친필로 써넣은 다음, 끝 부분에는 「생조서사용세한도중시운生朝書事用歲寒圖中詩韻」 이란 제목으로 2수의 시를 써넣었다.

아버지 남긴 유훈 그 뜻 알지 못하고
병든 몸 좋은 처방 그마저 알지 못해
한 달을 죽다가 겨우 살아났으니
이 몸이 다시 난 날 잊지 못하리.
눈 깊은 산창에 누워 있을 때
창밖엔 잣나무만 빽빽했는데
오늘 아침 친구 모임 봄바람이 살랑
〈세한도〉 감상하니 참을 만하네.

갑인년1914 1월 28일 소매병창少梅病倌 김준학은 개성의 채묵헌에서 쓴다.

김준학의 기록에 따르면 〈세한도〉는 이상적으로부터 김준학의 부친인 김병선에게 전해졌다. 김병선은 자가 이현㷥賢, 호는 매은梅隱·단전丹篆, 당호는 미묵당味墨堂이며 본관은 청양靑陽이다. 특히 그의 호 '단전'은 추사가 직접 지어준 것이라고 한다. 그의 집안은 대대로 역관을 지냈는데, 그역시 동치 갑자1864 증광시에 왜학倭學, 일본어으로 합격했다. 그는 이상적의 뒤를 이어 이용숙李容肅, 오경석吳慶錫, 김석준金奭準 등과 함께 조선의 대표적인 역관으로 청나라에 이름을 날렸다. 그는 중국을 왕래하면서 많은 청조 문사들과 교유했는데, 용계동龍繼棟은 1875년에 연경에 간 김병선을 위해 〈매화서옥도梅花書屋圖〉와 〈청서삼우도淸暑三友圖〉에 제영을 남기기도 했다. 또한 그는 『금석목고람金石目考覽』이라는 금석학 저작을 남겼다.

김준학은 김병선의 아들이다. 그는 자가 공우孔優이며 호는 부친인 김병선을 따라 소매少梅라 하였다. 광서 병자1876 식년시에 한학漢學, 중국어으로 합격했다. 이런 인연으로 김준학은 부친이 가지고 있던 〈세한도〉를 물려받았던 것이다. 그러다가 1914년 2월경에 〈세한도〉를 새롭게 표구한 것으로 보인다. 그가 남긴 기록을 가지고 추정해보면 그는 아주 심한 병에 걸렸던 것으로 보인다. 그러다가 병이 낫자 이를 기념하기 위해 자신의 글과 함께 오순소, 왕조, 요복증의 글을 집어넣어 〈세한도〉를 새롭게 꾸몄던 것이다. 여기에 장목이 쓴 제첨은 그대로 다시 사용하였다. 더욱이 자신의 글을 처음과 중간 끝에 배치함으로써 〈세한도〉가 자신의 소유임을 명확히 했다.

그러나 〈세한도〉의 주인은 다시 한번 바뀐다. 추사 연구의 시발점이자,

최고의 연구가였던 후지츠카 지카시에게 돌아간 것이다. 1930년대로 추정되는데 그가 이 그림을 입수한 경위는 확인할 길이 없다. 추사를 연구하면서 추사와 관련된 많은 자료를 수집하였던 그가 〈세한도〉마저 입수한 것이다. 이에 대해 허영환 선생은 추사의 일대기를 정리한 『영원한 묵향』에서 평양감사를 지내고 휘문의숙을 설립한 민영휘閔永徽의 아들 민규식閔奎植으로부터 후지츠카가 〈세한도〉를 구한 것 같다고 추정했다. 이후 후지츠카는 1930년대 말경에 〈세한도〉의 그림 부분과 서문을 영인하기에 이른다. 우리가 〈세한도〉를 손쉽게 감상할 수 있게 된 것도 그의 공로였던 것이다.

〈세한도〉의 유랑은 여기서 그치지 않았다. 1944년 여름, 2차 세계대전이 막바지로 치닫고 있을 무렵 후지츠카는 서둘러 일본으로 귀국했다. 당연히 〈세한도〉도 후지츠카가 일본 동경으로 가져가버렸다. 이 소식을 전해 들은 소전素荃 손재형孫在馨, 1902~1981은 그 길로 공습이 진행되고 있는 동경으로 달려갔다. 그리고 그의 끈질긴 노력으로 〈세한도〉는 다시 국내로 돌아오게 되었다. 〈세한도〉를 손재형에게 보낸 뒤, 후지츠카의 집은 폭격으로 잿더미가 되었다. 그가 추사 연구를 위해 평생을 모아온 수많은 자료들도 대부분 흔적도 없이 사라져버렸다. 그리고 후지츠카는 그로부터 몇 년이 지난 1948년 겨울 세상을 떠나고 말았다. 〈세한도〉의 운명을 생각해보면 참으로 아찔한 순간이었다.

〈세한도〉를 가지고 돌아온 손재형은 그 사실을 아무에게도 말하지 않았

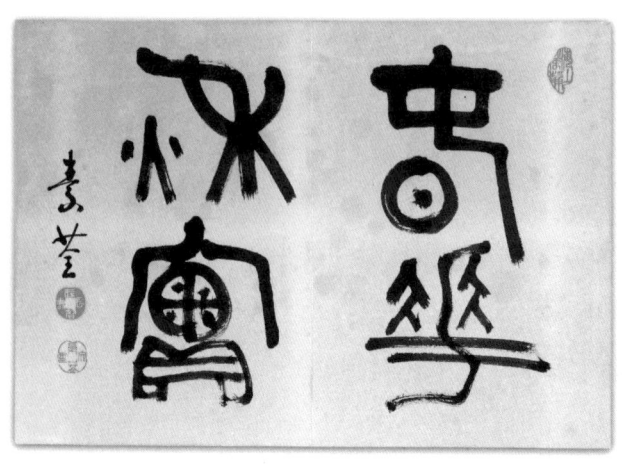

다. 그로부터 몇 년이 흐른 1949년, 손재형은 세 사람에게 〈세한도〉를 보이고 그들의 발문을 받았다. 먼저 그해 윤달 음력 7월에는 정인보鄭寅普와 이시영李始榮의 발문을 받았다.[64] 그리고 9월에는 〈세한도〉를 가지고 오세창을 찾아갔다. 역시 역관 출신인 오세창은 3·1운동 당시에는 33인의 한 사람으로 활동했고, 서예와 전각은 물론 우리나라 미술사를 정리하는 데 한평생을 바쳤다. 그는 당대 최고의 감식안을 가진 사람이었다. 그런 그에게 〈세한도〉를 보여준 것은 당연한 일이었을 것이다. 손재형은 그사이에 있었던 일들을 오세창에게 낱낱이 말해주었다. 오세창은 마치 황천黃泉의 친구를 일으켜 세워 악수하고 있는 듯하다는 감격적인 말로 손재형의 노고를 칭찬했다. 몇 달 동안이나 실컷 〈세한도〉를 감상한 오세창은 그 사연을 발문으로 남겼다. 12월 5일음력의 일이다. 이렇게 만들어진 세 사람의 발문은 16인의 청나라 문사들이 남긴 제영 뒤쪽에 자리를 잡았다. 지금 우리가 보고 있는 〈세한도〉의 모습으로 만들어진 것이다. 이후 〈세한도〉의 주인은 다시 바뀌었다. 그리고 지금은 개인 수장가의 품에 소중히 보관되어 있다. 〈세한도〉의 오디세이가 더이상 없기를 바라는 마음 간절하다.

추사와 대원군의 관계

1844년 〈세한도〉가 전해질 무렵 이상적은 연행을 준비하고 있었다. 그로서는 일곱 번째
이자 2년 만의 연행이었다. 정사는 흥완군興完君 이정응李晸應, 부사는 권대긍權大肯, 서
장관은 윤찬尹穳이었다. 이번 연행은 통상적인 동지사로서의 소임뿐만이 아니라, 왕비의
책봉을 주청奏請하는 일도 포함되어 있었다. 당연히 바쁜 일정으로 짜여 있었다. 본래 그
해 연행 삼사가 확정된 것은 6월 24일이었다. 그러나 정사로 내정되었던 김병주金炳疇가
사퇴하는 바람에 7월 9일에 흥완군 이시응李是應을 정사로 확정했다. 이시응은 8월 29일
에 역적의 이름 '시응時應'과 자신의 이름이 발음이 같다는 이유를 들어 정응으로 개명하

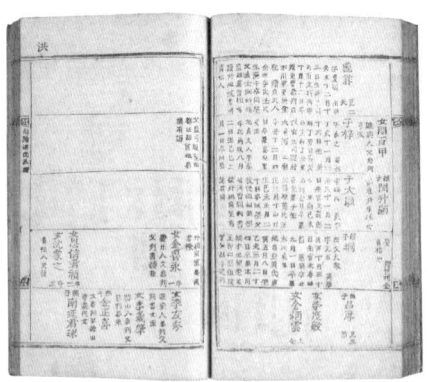

「**남양홍씨파보**」, **수경실 소장** ┃ 추사의 양부 김노영의 처가 족보이다.

였다. 그는 2년 전 정사로서 함께 연행했던 흥인군興寅君 이최응李最應의 동생이었다. 이들은 대원군 이하응李昰應의 친형제들이다. 흥미로운 것은 이들이 추사 집안과는 인척이라는 사실이다. 추사의 양부 김노영은 남양 홍씨 홍대현의 맏딸과 결혼했다. 홍대현은 북학의 선구자였던 홍대용과 6촌간인데, 추사의 양부 김노영이 홍대현의 맏사위가 된 것이다. 북학의 선구자인 홍대용과 추사는 그런 인연이 있었던 것이다. 그리고 홍대현의 둘째 사위는 은신군恩信君 이진李禛이다. 그는 오페르트 도굴사건으로 잘 알려진 남연군南延君 이구李球의 부친이자 흥선대원군의 할아버지이다. 이래서 대원군 이하응은 추사의 이종질姨從姪이 된다.

8

〈세한도〉
이야기를
마치며

바로 이 '후조後凋'의 정신은 고려를 거쳐 조선 선비들의 상징이 되었고, 국난에 처했을 때나 절개가 요청될 때면 선비들은 언제나 그 '후조'의 기치를 높이 올렸던 것이다. 그리고 그 정신은 추사 김정희에 이르러 마침내 〈세한도〉란 그림으로 형상화된 것이다. 〈세한도〉에 담긴 정신이 추사 한 사람만의 감회가 아니라, 조선의 모든 선비들의 정신이자 지금 우리가 본받아야 할 정신이라 할 수 있는 것도 이 때문이다. 추사는 〈세한도〉를 통해 바로 이 조선의 정신을 형상화한 것이다. 그것은 단순한 한 장의 그림이 아닌, 학문과 예술이 하나 되는 경지가 무엇인지를 말해주고 있다.

皇翰經述

家編臣奉

『삼국사기』「열전列傳」에는 '비령자丕寧子'조가 있다. 때는 673년, 백제 군이 신라를 침공하자 신라 조정에서는 김유신을 보내 이를 막도록 하였 다. 신라는 점점 수세에 몰리고 있었다. 이때 김유신은 비령자를 불러 말 했다.

추운 겨울이 되어야 소나무와 잣나무가 시들지 않는 것을 알게 된다. 오 늘 상황이 위급하니 그대가 아니면 누가 힘을 떨치고 기묘한 계책을 내서 군사들의 마음을 격동시킬 수 있겠는가?

비령자는 이 말을 듣더니 백제군 진영으로 달려들어 싸우다 장렬히 전 사하였다. 이를 본 그의 하인과 아들도 장렬한 전투 끝에 최후를 맞았다. 이에 자극받은 군사들은 사기가 충천하였고, 그 여세를 몰아 백제군을 물 리칠 수 있었다. 〈세한도〉에 담긴 정신의 뿌리가 얼마나 깊고 오래됐는지 알 수 있는 이야기이다. 바로 이 '후조後凋'의 정신은 고려를 거쳐 조선 선 비들의 상징이 되었고, 국난에 처했을 때나 절개가 요청될 때면 선비들은 언제나 그 '후조'의 기치를 높이 올렸던 것이다. 그리고 그 정신은 추사 김정희에 이르러 마침내 〈세한도〉란 그림으로 형상화된 것이다. 〈세한도〉에 담긴 정신이 추사 한 사람만의 감회가 아니라, 조선의 모든 선비들의 정신이자 지금 우리가 본받아야 할 정신이라 할 수 있는 것도 이 때문이다. 추사는 〈세한도〉를 통해 바로 이 조선의 정신을 형상화한 것이다. 그것은 단순한 한 장의 그림이 아닌, 학문과 예술이 하나 되는 경지가 무엇인지를 말해주고 있다.

무엇보다도 소중한 것은 추사가 〈세한도〉를 완성해낸 과정이 우리에게 주는 교훈이다. 추사는 청나라에서 유행하던 화풍을 연구하여 그 근원의 궁극을 파헤쳤고, 그 궁극에 이르는 문경門徑을 만들어냈다. 〈세한도〉는 추사 자신이 만든 그 문경의 정점에 있는 작품이다. 〈세한도〉에 청조 학술과 예술의 정수가 담겨 있는 것도 이 때문이다. 이런 점에서 추사가 〈세한도〉를 완성하는 과정은 우리가 외래문화를 어떻게 수용해야 하는지에 대한 한 전범이라 할 수 있다. 외래문화의 틀 속에 우리의 정신을 어떻게 담아내야 하는지, 그 해답을 제시해준 것이다. 이것은 바로 외래문화의 수용을 통해 새롭게 창조한 우리 문화가 그 보편적 가치를 확보해나가기 위해서는 얼마나 처절한 노력을 기울여야 하는지 보여주는 것이다. 추사는 〈세한도〉를 통해 우리에게 그것을 말하고 있는 것이다.

〈세한도〉 이야기를 쓰는 동안 참으로 즐거웠다. 처음 〈세한도〉 이야기를 준비할 때에도 내 서재에는 이미 상당한 분량의 〈세한도〉 관련 자료가 쌓여 있었다. 〈세한도〉 이야기의 집필을 시작하자 그토록 찾던 소중한 자료들이 서재로 몰려들었다. 이정리의 수택본手澤本, 손때 묻은 책 『황조경세문편』을 입수하였고, 애타게 찾던 추사의 수택본『국조화징록』은 물론이고 추사의 친필 제첨이 있는『국조화징록』도 나타났다. 무엇보다도 추사가 연행했을 때 필담筆談의 일부가 나타난 것은 꿈같은 일이었다. 또한 추사가 편찬한『복초재적구도復初齋摘句圖』와 그 발문이 나타나 새로운 실마리를 제공해주기도 했다. 이 모든 것은 〈세한도〉 이야기를 보다 새로운 관점에서 쓸 수 있게 해주었다. 또 우현牛玄 송영방宋榮邦 선생님께서는 필자를 위해〈추사선생영주적거도秋史先生瀛洲謫居圖〉를 그려주셨다. 손창근孫昌根 선생님은〈세한도〉 원본 사진을 사용하고 싶다는 필자의 요청을 흔쾌히 수락해주셨다. 현계정사玄溪精舍 주인은 소중히 보관하고 있던 자료들을 맘껏 열람할 수 있게 해주셨다. 이 모든 분들께 고마움을 전하고자 여기에 그 일을 따로 기록해둔다.

부록

세한도 歲寒圖 제영 題詠

장악진章岳鎭

세상의 운세는 융성하기도 하고 쇠퇴하기도 하며, 사람의 운명은 평탄하기도 하고 역경에 처하기도 한다. 이것은 모두 하늘이 하는 일이지 사람이 할 수 있는 일이 아니다. 세상의 운세가 융성하면 사람의 운명은 따라서 융성하며, 세상의 운세가 쇠퇴하면 사람의 운명도 따라서 쇠퇴한다. 이것은 사람의 일이므로 하늘이 마음대로 할 수 있는 게 아니다.

이런 말이 전해온다. "하늘은 사람이 추위를 싫어한다고 해서 겨울을 끝나게 하지 않으며, 군자는 세상이 어둡고 혼탁하다고 해서 그 행동을 바꾸지 않는다." 어찌 바꾸지 않기만 하겠는가? 오히려 더욱 굳게 지킨다. 굳게 지켜야만 세상이 융성하거나 쇠퇴해도, 사람의 운명이 평탄하거나 역경에 처해도 개의치 않게 된다. 앞으로 나아가야 할지 뒤로 물러서야 할지 살아남아야 할 것인지 목숨을 버려야 할 것인지를 헤아려 정도를 벗어나지 않는 사람은 군자뿐이다.

공자께서 말씀하셨다. "겨울이 되어서야 소나무와 잣나무가 시들지 않는다는 것을 알게 된다." 이것은 소나무와 잣나무가 굳은 절개를 지니고 있지만 눈서리를 맞지 않았을 때에는 사람들이 대부분 소홀히 여기므로 그 절개를 알아보기 어렵고 등용하는 경우도 적다는 것을 너무나 안타까워하신 것이다. 비록 소나무와 잣나무가 시들지 않는다 해도 그것이 겨울에서부터 시작된 것은 아니다. 군자가 소나무와 잣나무의 절개를 배우고자 한다면, 겨울이 닥치기 이전의 절개를 먼저 배워야 한다. 그들은 절개를 늘 지니고 있으므로 사시사철 바꾸지 않을 수 있는 것이다. 저 보통 화초들이라고 해서 겨울이 되면 소나무와 잣나무처럼 되기를 어찌 바라지 않겠는가? 그러나 그렇게 할 수 없는 것은 평소 그 절개가 견고하지 않아서이다. 평소에 절개가 견고하다가도 다급한 순간에 변하는 사람도 있지만, 평소에도 절개가 견고하지 않은데 다급한 순간에 변하지 않는 사람은 들어보지 못했다. 그러니 군자가 소나무와 잣나무의 절개를 배우는 이유를 알 수 있다.

절개를 높이 세우지 않을 수 없는 것은 세상을 오만하게 보려는 것이 아니라, 자칫하면 보통 잡초들과 같은 무리가 될까 걱정되어 그러는 것이다. 스스로를 굳세게 단련시키지 않을 수 없는 것은 옛날 사람들을 본받고 싶어 그러는 게 아니라, 자칫하면 자신의 높은 뜻을 잃어버릴까 염려하여 그런 것이다. 산속 바위틈에서 늙어가면서도 고독하다 여기지 않는 것은 그 재목을 길러 쓰임에 대비하기 때문이다. 목수에게 버림받아도 원망하지 않는 것은 나의 참모습을 보전하여 천수를 누리기 때문이다. 겨울이 되지 않으면 보통 화초와 다를 게 없고, 겨울을 여러 번 거쳐도 그 나뭇가지는 조금도 다르지 않다. 세상에 그 절개를 알아주는 사람이 있어도 소나무와 잣나무는 그대로이고, 세상에 그 절개를 알아주는 사람이 없어도 소나무와 잣나무는 그대로이다. 그러므로 한겨울이 되어서야 그 절개가 드러난다고 소나무와 잣나무가 즐거워할 일은 아니며, 한겨울이 되어서야 그 절개를 알게 된다면 소나무와 잣나무를 깊이 아는 사람이 아니다.

우선이 김추사 선생께서 그린 〈세한도〉를 보여주었다. 우선을 격려하고 또 나 자신을 비교하기 위해 뒤쪽에 몇 마디를 적어 우선에게 질정을 구하고 나 자신도 다짐한다. 또한 세상을 떠나 있으니 걱정이 없다는 심정으로 추사옹의 마음을 엿본다.

을사년1845 1월 양호 장악진이 쓴다.

道有隆有汚, 遇有順有逆, 此皆天之事, 非人所能爲也. 道隆則從而隆, 道汚則從而汚, 此人之事, 非天之所能主也. 傳言, 天不爲人之惡寒而輟其冬, 君子不爲世之闇濁而改其行, 豈徒不敢改? 猶將堅之, 堅之而後, 可以隆, 可以汚, 可以順, 可以逆, 知進退存亡, 而不失其正者, 其惟君子乎! 孔子曰: '歲寒然後知松柏之後凋', 盖深惜夫堅貞之摻, 不歷霜雪, 人多忽之, 知之者晚, 而用之者寡也. 雖然松柏之後凋, 不自歲寒始也, 君子欲學松柏之節, 當先學松柏未遇歲寒時之節, 惟其節有常, 故能貫四時而不改. 彼夫凡卉雜英, 當歲寒時, 豈不願爲松柏? 然而不能者, 素未堅其節也. 節堅於平時, 或渝於頃刻者有之矣. 節未堅於平時, 而能不渝於頃刻者, 未之聞也. 然則, 君子之學松柏者可知矣. 植節不敢不高, 非以傲世, 恐一不愼, 將下與凡卉伍也. 自勵不敢不堅, 非云慕古, 恐一不謹, 將自失其志也. 老于山巖, 而不以爲孤, 盖將養其材以待用也. 棄於匠石, 而不以爲怨, 盖將全吾眞以終古也. 不遇歲寒, 未嘗有殊於凡卉也, 屢經歲寒, 未嘗稍異其枝柯也. 世有知其節者, 而松柏自若也. 世無知其節者, 而松柏亦自若也. 是故, 必歲寒而後, 顯其節, 非松柏之所樂也. 必歲寒而後, 知其節, 非深知松柏者也.

藕船以金秋史先生所作〈歲寒圖〉見示, 所以勖藕船, 而亦以自况. 因書數語於後, 以質藕船, 兼以自勵, 亦將以遯世無悶之裏, 仰窺秋史翁也. 乙巳孟春易湖章岳鎭書

오찬吳贊

절개는 숲속의 나무와 같아 오랜 시간 지나야만 완성되지만	林木似名節
소나무와 잣나무의 본성 속에는 바로 그 절개가 들어 있다네.	松柏有本性
군자는 힘들수록 단단해지니	君子窮益堅
받아주지 않는다고 무얼 탓하리?	不容復何病
꽃 피고 잎 진 것도 우연일진대	榮枯亦偶然
어찌하여 잡초들과 다툴까보냐?	豈與凡卉競
눈서리 매서운 겨울날이면	時邁霜雪嚴
천지의 바른 기운 얻게 되리니	氣得天地正
지지 않는 그 마음을 배우고 익혀	傳習後凋心
현인 되고 성인 되길 희망한다네.	希賢以希聖

〈세한도〉에 시를 지어 올리니 우선 형님께서는 바로잡아주십시오. 해우 오
찬은 쓴다.

奉題〈歲寒圖〉 卽請藕船尊兄大雅正之. 海虞吳贊呈稿.

(印文)【臣吳贊印】

조진조趙振祚

옛날에 굴원屈原이 「귤송橘頌, 귤노래」을 지었는데, 끝에 "행실이 백이伯夷에
견줄 만하므로 본보기로 삼노라"고 하였다. 굴원의 생각이 공자께서 소나무와

잣나무를 보고 탄식한 것과 어찌 다르겠는가? 귤을 찬양한 것은 그것이 천명을 버리지 않았기 때문이며, 소나무와 잣나무를 칭찬한 것은 소나무와 잣나무가 마음이 있는 것처럼 했기 때문이다. 아! 이 모두가 감동스런 일이다. 이에 '구장'의 「귤송」을 모방하여 「송백송松柏頌, 송백노래」을 지어 완당의 뜻을 넓히고, 아울러 우선의 가르침을 구한다.

昔靈均作「橘頌」, 亂曰: '行比伯夷, 制以爲象兮', 屈子之意, 豈與夫子歎松柏異哉! 美橘者, 以其受命不遷, 美松柏者, 則曰如松柏之有心, 於虖! 是皆可感也已. 爰仿「九章·橘頌」爲松柏頌, 以廣阮堂之志, 兼正藕船 其辭, 曰:

하늘과 대지가 씨앗 뿌리면	后皇降種
재능에 따라서 자라나는데	因才篤兮
바위 비탈 험준한 봉우리 사이	巖阿岑崟
자리 찾아 뿌리를 의탁하였네.	在所託兮
서리 맞아 잎이 지고 시들어도	霜葉零瘁
뻗어 자란 가지는 무성하구나.	夸條沃兮
절개를 굳게 지켜 고치지 않고	堅貞不改
그 덕은 옥처럼 따듯하구나.	德如玉兮
목숨 받아 커다랗게 자라나면서	受命大造
굽히는 기색이란 조금도 없어	惟其無曲兮
봄바람이 살랑살랑 불어올 때면	春風初來
서로가 다투듯이 자라나는데	若相競兮
서로가 겨룰 듯이 마주보면서	夫於抗衡

다소곳이 바르게 서서 있구나.   靜以正兮

용이 서린 듯 철사 굽은 듯   蠑蟠鐵屈

때로는 재목으로 쓰이기도 해   時爲枋兮

빈산은 우뚝하게 솟아 있는데   空山巍峨

아득하여 가까이 갈 수도 없고   眇不可徑兮

비스듬한 그 모습이 웅장하여도   偃格夭矯

그 향기 남에게 줄 수가 없네.   芳難贈兮

푸른 잎은 일산처럼 층층이 맺혀   翠蓋層結

구조는 성글어도 보기 좋은데   理踈順兮

공작새 깃들이지 않는 까닭은   文禽不巢

너무 높은 그곳이 싫어서라네.   憎其爲峻兮

화려한 그 모습 드러나지 않아도   文章不露

중요한 게 무엇인지 알고 있기에   知所重兮

동량 되는 재목이라 천 년 지나면   楨幹千年

끝내는 쓰일 곳이 분명 있다네.   終得所用兮

덕이 높은 사람은 자연에 순응하기에   至人無悶

높은 산을 바라보듯 우러러보고   高山仰兮

화목한 그 소리 너무 좋아서   穆羽淸濁

봉황鳳凰이 화답하며 울음 운다네.   和鳳皇兮

그 아래서 거문고 줄 퉁겨보면서   彈琴其下

선왕이 남기신 덕 즐거워하네.   樂先王兮

군자에게 분명히 말해주지만   明告君子

이보다 더할 수는 없는 거라네. 度無以尙兮

가시나무 심으면 가시를 얻고 種棘得棘刺
복숭아나무 심으면 복숭아 얻지. 種桃獲桃實
하늬바람 한바탕 휩쓸고 가면 西風一飄蕩
미우나 고우나 다함께 지네. 美惡同衰歇
소나무와 잣나무는 나무 중 으뜸 森森百木長
타고난 성품은 자랑도 할 만 秉性自矜別
좋은 재목 큰 집 짓기 넉넉하여서 名材足大夏
멋진 그늘 먼 집까지 이르렀다네. 嘉蔭到遐室
화려함 뽐내느라 사람들 다투지만 恒人競華秀
군자는 언제나 본바탕을 높이 치네. 君子崇本質
나무에겐 백 년 계획 없는 법이니 樹無百年計
호탕한 일 진정 무슨 도움이 되랴? 豪擧誠何益
그래서 위나라 공자 신릉군信陵君 所以魏公子
혼자서 사마천의 붓을 독점하였네. 獨擅龍門筆

완당 그림의 뜻으로 글을 지어 우선에게 주니 바로잡아주시게. 남난릉 조진조.

卽用阮堂繪意, 贈藕船正之. 南蘭陵趙振祚.

(印文)【趙振祚印】

반준기潘遵祁

도연명은 솔밭 길을 노래하였고	淵明賦松徑
소동파는 백당을 시로 읊었네.	坡仙詠柏堂
잡초들은 절로 피고 절로 지지만	凡卉自榮落
늦게까지 곧은 절개 더욱 창창해.	晚節堅益彰
새로 그린 그림에 붙인 그 경계	新圖寓規箴
오래도록 우리 서로 잊지 말기를.	久要在不忘
경학經學 대사大師 놀라운 그 솜씨 보고	經師釣鰲手
낭현瑯嬛, 반준기은 향을 피워 축하드리고	瑯嬛祝瓣香
붓을 들면 단번에 그려버리니	放筆爲直幹
친구 중엔 고수들이 많기도 하네.	結交多老蒼
이 조약돌 가지고 돌아간다면	乞補一卷石
소매 속에 동해 바다 들어 있겠네.	袖中東海藏

우선 존형대아께서 바로잡아주시기 바라며 쓴다. 다마산인 반준기.

藕船尊兄大雅正題, 茶磨山人潘遵祁.

(印文)【登山觀海】【琅嬛】

반희보潘希甫

예운림倪雲林의 필의筆意 담긴 한 폭의 그림	尺幅雲林筆

만 리 길 배를 타고 건너왔다네.　　　　　　　來從萬里船

동심冬心 담아 고사高士의 뜻을 전하니　　　冬心高士傳

신물神物이라 태평한 시절 오겠지.　　　　　神物太平年

산골짜기 있는 재목 어찌 버리며　　　　　　岩壑材難棄

얼음 서리 겪은 절개 더욱 굳어라.　　　　　冰霜節愈堅

내가 부친 줄 없는 소리 감상하시고　　　　賞音寄絃外

바다 건너 산마루에 몸조심하길.　　　　　　珍重海山顚

〈세한도〉에 시를 써서 바치고 우선 존형尊兄 문단文壇의 교정을 청한다. 오현 반희보.

奉題〈歲寒圖〉, 卽請藕船存兄詞壇正定. 吳縣 潘希甫.

(印文)【補之】

반증위潘曾瑋

김군김정희은 바다 밖의 뛰어난 영재　　　金君海外英

일찍부터 그 명성 자자했다네.　　　　　　　夙昔聞盛名

명성은 훼손되어 갈 곳도 없고　　　　　　　盛名毁所歸

세상의 그물 속에 걸려들었네.　　　　　　　輒爲世網嬰

도도하게 흘러가는 세속을 보니　　　　　　滔滔視流俗

선비의 맑은 정신 누가 알리오?　　　　　　誰知士之淸

풍진 속 세상을 개탄하다가　　　　　　　　慨念風塵中

일찍이 어진 친구 알게 되었네.   早識賢友生

높은 의리 돈독하긴 언제나 같고   高誼篤終始

겨울에도 그 맹세는 변함이 없네.   歲寒無渝盟

소나무와 잣나무를 닮아서인지   如彼松與柏

타고난 성품마저 곧고 단단해.   本性同堅貞

시들지 않는 바탕 그림 그려서   貌此後彫質

도타운 그 우정에 보답하였네.   用以答厚情

우선 선생 부탁으로 반증위는 쓴다.

藕船先生屬 潘曾瑋稿.

(印文)【季玉父】

풍계분/馮桂芬

고운 치장 사람들의 환심을 사도   華飾結衆悅

고고한 모양새는 통하지 않고   古皃非世諧

바위산서 소박한 꿈 밝혀보지만   巖阿耿微尙

사람들 따돌림의 빌미 된다네.   迺爲群忌階

김군은 이름 떨친 기특한 선비   金君振奇士

푸른 구름 닿을 듯이 우뚝이 서서   嶽嶽青雲崖

고상한 사람들만 친구 삼으니   端友高亮特

모두가 같은 기질 품고 있다네.   一氣沆瀣皆

굳센 골격은 일찍 심은 덕　　　　　　　　勁骨夙所植

힘써 노력하여 뿌리 길렀네.　　　　　　　努力培根荄

화창한 봄날 되어 꽃을 피울 때　　　　　　舒萼際易春

어찌하여 잡초들과 못 어울리나?　　　　　豈不凡卉偕

바람서리 한바탕 몰아친 뒤에　　　　　　　風霜一以厲

푸르름이 무리 중에 돋보인다네.　　　　　蒼翠逾等儕

시들지 않는다는 공자님 말씀　　　　　　後凋宜聖訓

시류와 어긋난다 탓하지 않네.　　　　　未嗟時世乖

힘들수록 도는 더욱 굳건히 지켜　　　　固窮道彌堅

군자는 그 마음을 힘쓸지어다.　　　　　勖矣君子懷

우선 선생은 바로잡아주십시오. 풍계분은 쓴다.

藕船先生是正. 馮桂芬稿.

(印文)【馮桂芬印】

왕조汪藻

사계절이 번갈아 들고 나기에　　　　　四節遞推敚

세상 사람들은 봄을 다투네.　　　　　　世人競春容

봄 모습은 시들 때가 있으니　　　　　春容有憔悴

추운 겨울 누구와 지낼 것인가?　　　　歲寒誰與同

드리워진 저 솔과 잣나무 자태　　　　翳彼松柏姿

푸릇푸릇 한겨울을 이겨 넘기네.	鬱鬱凌嚴冬
어찌하여 곧은 절개 표본이 되어	胡爲標貞柯
하필이면 눈서리 속에 있는가.	偏在霜雪中
너의 모습 평소와 다름없는데	匪伊異平時
사람들의 눈들은 먼지 덮였네.	俗眼多塵蒙
생각하니 어진 선비 마음속에는	因思吉士心
도를 지킴에 궁통의 구분 없네.	守道無窮通
뿌리가 튼튼하면 시들지 않고	根柢不雕落
화려함은 높이 치지 않는 법이지.	繁華非所崇
대들보감 이루기 어렵지마는	棟梁待晚成
초지일관 지키기를 기약한다네.	相期保初終

우선 선생께서 바로잡아주십시오. 왕조가 초고를 쓴다.

藕船先生正政. 汪藻初稿.

(印文)【小珊翰墨】

조무견曹楙堅

추사라는 그 이름 들은 지 오래	早聞秋史名
얼굴 한 번 보지 못해 안타까웠네.	惜哉未一面
학문은 산학算學에 정통한데다	疇人術旣殫

【원주】 저서로 『산학계몽算學啓蒙』이 있다.【著有算學啓蒙】[65]

경사 또한 훤하게 꿰뚫고 있어   經史尤貫串

중국의 가의賈誼와 동중서董仲舒인 양   譬我賈董流

참으로 저 나라의 선비로구나.   洵彼邦之彦

세상일 머뭇댐에 익숙하여도   世事習模棱

옛분 중엔 뜻 높은 이들 있었네.   先民有狂狷

구불구불 가시섶에 몸을 상하니   詰曲傷迷陽

몸은 곤궁해도 도는 변함없다네.   身窮道不變

연경에 사신 탄 수레가 오니   日下使車來

【원주】우선藕船을 말한다.【謂藕船】

시와 술로 환영하는 잔치를 열고   文酒設歡讌

〈세한도〉펼쳐놓고 보여주는데   示我歲寒圖

겨울 숲 한쪽이 무성도 하다.   寒林莽一片

복숭아와 오얏은 어찌 없을까?   豈無桃李姿

봄 내내 화려한 꽃 자랑할 텐데.   三春露華衒

푸른 나무 쓰린 마음 꼭 안고서   靑蒼抱冬心

눈서리 속에서도 우뚝 서 있네.   挺然傲霜霰

오호라, 인간 세상 산다는 것은   烏虖人間世

백 년도 번개처럼 빨리 지나네.   百年迅飛電

역사의 평가를 기약하면서   所期在千秋

영광과 쇠퇴 땜에 다투지 마세.   勿與榮悴戰

서로 만날 그날은 기약 없어도   相逢不可知

시 한 수 먼저 올려 인사드리네.   請以此詩先

도광 을사년1845 1월 22일 추사 〈세한도〉에 글을 지어 올리니 우선 선생께
서는 바로잡아주십시오. 오현 조무견 간보씨.

道光乙巳孟春卄有二日, 題秋史〈歲寒圖〉, 卽奉藕船先生是正. 吳縣曹楙堅艮
甫氏.

(印文)【堅印】【壬辰第四】【舊史氏】

진경용陳景庸

큰 나무는 백 갈래로 뿌리가 많아	大樹百根
언제나 무성하여 잎 지지 않네.	常茂不落
고운 명성 후세에 남긴 이들은	芳聲後時
시련을 겪고 나서 복을 받았지.	因摧受福
된서리 여러 번 맞고 맞아도	數被嚴霜
가지와 그 잎새는 변하지 않고	不改柯葉
화창한 기운이 도는 곳에선	和氣所居
얻지 못할 게 없는 법이네.	無所不得

한漢나라 초공焦贛의 『초씨역림焦氏易林』 8구를 집구集句하여 바치니 우선
대아께서는 바로잡아주십시오. 진경용 쓰다.

集易林八句, 卽奉藕船大雅是正. 陳景庸稿.

(印文)【筌未】

요복증姚福增

저 나무는 기특한 절개가 높고	維木挺奇節
이 사람은 올곧은 절개 품었네.	伊人懷貞蕤
그 신세 그리움 속 맡겨두고서	身世託遐想
이렇게 한겨울의 모습 그렸네.	繪此歲寒姿
해외에도 계절 식물 똑같은지라	海外節物同
조물주는 그 절개를 존중하였고	甄陶仰大儀
이런저런 초목들도 많이 있지만	亦有凡草木
아름다움 다투는 건 꽃이 필 때뿐.	爭美及芳時
꽃 필 때는 하나가 시들게 되면	芳時一以歇
모든 꽃이 휩쓸려 시들지마는	百卉靡然萎
얼어붙은 얼음과 눈발 속에서	凌兢氷雪中
그 고통 굳건히도 홀로 견디지.	辛苦强自支
좋은 시절 언제 올지 알 수 없으나	遭逢有早暮
알아주는 사람 없다 걱정을 말고	勿慮無人知
기쁘게 송백을 바라보면서	相悅松與柏
백 년 동안 그때를 기다려보세.	百歲以爲期

우선藕船 대아大雅는 바로잡아주십시오. 남사南沙 요복증이 쓴다.

藕船大雅是正. 南沙姚福增稿.

(印文)【字子湘坡】

오순소吳淳韶

우연히 내 눈길이 겨울 숲에 이르니　　　　偶然點流到寒林

이 그림은 분명히 좌우명인데　　　　　　　尺幅分明座右箴

오늘 그림 펼쳐놓고 곰곰이 생각　　　　　今日披圖頻想像

고인高人의 절개 바로 옛사람 마음.　　　高人節摻古人心

눈서리 맞을수록 더욱 푸르니　　　　　　越經霜雪越靑蔥

이렇게 곧은 절개 뉘와 같을까?　　　　如此堅貞孰與同

곱디고운 복사꽃잎 비웃는 것은　　　　堪唉紛紛桃李艷

봄바람에 살랑거릴 뿐이어서지.　　　　只知披拂伏春風

을사년1845 정월 하순 글을 지어 올리니 우선 선생께서는 바로잡아주십시오.
귀안 오순소는 쓴다.

乙巳孟春下浣. 題奉藕船先生雅正. 歸安吳淳韶甫稿.

(印文)【臣淳韶印】

주익지周翼墀

옛부터 절개에는 자긍심이 최고　　　　名節由來貴自持

애써 남이 알아주길 바라지 않네.　　　苦心何必定人知

검푸른 빛 구름 뚫고 하늘에 닿고　　　參天黛色凌雲氣

빈산엔 고요만이 가득하구나.　　　　正在空山寂寞時

바위틈에 뿌리박은 그 오랜 세월   寄跡巖阿歲月深

고인의 기상 절개 우뚝하여라.   高人氣節自森森

얼음 서리 그 위협 참지 못하면   若非歷盡氷霜劫

봄볕 같은 우주 섭리 어찌 알리오.   那識陽和天地心

　을사년1845 초봄 양계 주익지가 글을 지어 올리니 우선 존형대아께서는 바로잡아주십시오.

乙巳孟春, 梁溪周翼墀題奉藕船尊兄大雅是正.

(印文)【翼墀私印】

장수기莊受祺

　〈세한도〉는 조선의 김추사가 그려서 그의 제자 이우선에게 보낸 것이다. 향기로운 꽃들은 아름다움을 펼쳐 보이지만 추운 겨울에는 꽃을 피우지 못하고, 무성한 나뭇가지는 그늘을 드리고 있어도 엄동설한에는 낙엽이 지고 만다. 그렇지만 차가운 눈발이 내려도 곧은 가지는 그 자태를 뽐내고, 해가 바뀌어도 멋진 나무는 그 본래의 모습을 보여준다. 이 어찌 성쇠盛衰와 소장消長이 서로 번갈아 드니 운수가 곤궁해도 절개는 드러나는 게 아니겠으며, 더위와 추위가 서로 바뀌어 오니 때가 되면 제 모습이 드러나는 이치가 아니겠는가? 선비가 세상의 제약을 벗어버리고 경박한 습속에 얽매이지 않는 것은 그 또한 느낀 바를 알기에 그런 것이다. 이에 〈세한도〉를 위해 찬사를 짓는다.

歲寒圖者, 朝鮮金君秋史所作, 以遺其徒李子藕船者也. 夫芳蒨敷艶, 不榮凌兢之時, 繁條結陰, 或霣嚴凝之侯, 而凉霰甫集, 貞柯挺其姿, 杴橅再周, 嘉植標其素, 豈不以剝復相尋, 運窮而節著, 寒燠互易, 時至而守見耶! 士君子, 蟬蛻塵網, 不要浮俗, 其亦知所感矣. 乃爲之讚, 曰:

동해 바다 한 모퉁이 멀고 거친 그 산에는	東海之隅, 大荒之山
신령스런 나무 있어 인간 세상 숨어 있네.	云有靈木, 嘉遯人蛻
눈서리가 감싸주고 바람 구름 오가는데	霜雪滋護, 風雲往還
그 성품은 단단하고 그 모습은 울창하네.	旣堅厥性, 彌榮厥顔
기둥감이 분명하지만 누가 이를 다듬을까?	識爲棟梁, 誰石與班
바위틈에 늙어가니 잡고 오를 방도 없네.	老之巖阿, 絶援與攀
재목은 멀쩡해도 사람 만남 어려운 법	匪材之遭, 而遇之艱
여기 길이 남겨두어 나약한 이 격려하세.	留此終古, 以勵懦頑

을사년1845 정월, 양호 장수기가 글을 지어 올리니 우옹께서는 바로잡아주십시오.

乙巳孟陬, 陽湖莊受祺題奉蒨翁是正.

(印文)【臣受祺印】

장목張穆

예전 언젠가 서유자[66]에게	昔從徐孺子
완당이란 이름을 처음 들었네.	獲耳阮堂名

기인은 바다의 밖에서 오고	畸人來海外
감춰둔 책 동쪽에서 빛이 났다네.	祕笈曜東瀛
전에는 글을 지어 『사원옥감四元玉鑑』 보완하고	前編補玉鑑
주세걸朱世傑의 큰 업적 넓혀놓았네.	盛業恢松庭

【원주】 주씨의 『산학계몽』이 중국에서는 오래전에 사라졌다. 완당이 그 나라에서 구해 무술년1838 봄 연경으로 보내 관찰 서균경에게 주었다.【朱氏算學啓蒙, 中國久軼, 阮堂於其國得之, 戊戌春來京師, 以贈徐鈞卿觀察.】

완당이 존경하는 완원 선생님	阮堂所慕阮
이 책 보더니 기쁘고 놀라	見之喜且驚
가져다 출판을 기획했는데	趣付劂劂氏
제자들의 교정 계산 정밀하였네.	及門校算精
원본을 소중하게 간직한 곳은	原袟珍弆處
용마루 치솟은 문선루였네.	選樓峙高甍

【원주】 의징儀徵 상공이 주세걸의 책을 구해 나차구羅次球, 이름은 사림四琳군에게 교정과 출판을 부탁하고, 원본은 문선루에 보관했다.【儀眞相公得朱氏書, 屬羅君次球, 校算付梓, 原本弆文選樓】

그 아래 노완 선생님의 집	老阮屋其下
저술은 늙을수록 더욱 많아져	著述老愈成
늙어서도 부지런함 위무공衛武公[67] 같아	耄勤古衛武
옛 주석에서 사라진 경전 발라냈다네.	舊訓剔遺經

【원주】 새로 저술한 『시서고훈』이 완성되었다.【新著詩書古訓成】

| 한 질을 멀리까지 보내주시니 | 一函遠相貺 |

속된 귀가 잠깐이나 호강했다네. 俗耳午韶護

해가 밝은 을사년 새해 벽두에 端蒙初歲首

널찍한 대청에 잔치 벌이니 觴客拓軒楹

【원주】 우리 집안의 중원仲遠, 장요손의 자字 대령을 말한다. 【家仲遠大令】

완당 문하 학행이 뛰어난 제자 阮堂高弟子

사신의 임무 띠고 연경에 왔네. 納琛達神京

내가 완당 친구란 걸 알고 있기에 知我阮堂舊

소매 속의 송백 그림 꺼내놓았네. 袖圖出冬榮

푸른 물결 넘실대는 큰 바다 남쪽 滔滔大海南

온통 물만 가득한 머나먼 그곳 迢隔一水盈

공경히 노완의 저서를 보내 敬以老阮書

완당의 심사를 위로한다네. 用慰阮堂情

내가 펴낸 고염무顧炎武의 『고정림선생연보顧亭林先生年譜』 亭林顧氏譜

새로 찍어 함께 보내 너무 기쁘네.[68] 新梓快合幷

【원주】 장목은 『시서고훈』과 『고정림선생연보』를 완당에게 보낸다. 【穆以詩書古訓及亭林年譜, 寄贈阮堂.】

뜻을 얻고 뜻을 잃는 그 모든 일들 得意與失意

헤아리면 새털만큼 가벼운 거지. 絜量鴻毛輕

급정汲鄭, 급암과 정당시의 개탄도 하찮은 건데 區區汲鄭慨

【원주】 그림의 의미가 이러하다. 【圖意如此】

아직도 세상 번민 매어 있구나. 猶然世慮攖

학문을 회복시켜 願回竈瓴聽

노랫소리 드높이고 金石劇歌聲

문화를 전승시켜 願擴河汾敎

그 공적 드높이길. 相業鬱崢嶸

우선 선생의 부탁으로 시를 지어 완당에게 드린다. 평정 장목.

藕船先生屬題, 卽以奉簡阮堂. 平定張穆.

(印文)【石州張穆】

장요손張曜孫

팔 년 전 아쉬운 이별 가물가물 아득한데 八載離愁入杳冥

뜻밖의 만남이라 반갑기 그지없네. 相逢意外眼逾靑

화려한 복장의 새로운 친구들 中朝裙屐聯新雨

백 리 길 달려와 함께 모이니 百里弧蹤聚德星

객사엔 맑은 술잔 멋진 잔치 열리고 客邸淸尊開雅宴

서산의 맑은 기운 외론 정자 내려오네. 西山爽氣落孤亭

돌아보니 옛 친구들 어디로 갔나. 舊遊回首升沈異

북쪽 바다 일어나서 큰 바다를 차오르네. 喜見搏扶起壯溟

조각구름 외딴섬은 한낮에도 어두운데 孤雲絶島晝冥冥

나그네는 시름 잠겨 귀밑머리 새었겠네. 獨客沈憂鬢不靑

기이한 돌 키 큰 나무 어찌 그리 우뚝한가? 奇石喬柯何磊落

산속 덤불 물가 수초 모두가 져버렸네. 山榛隰苲總零星

우번의 주역으로 소식이치 연구하고   傳經消息虞翻易,

양웅揚雄의 저서 보며 문자를 탐구하네.   問字蒼凉揚子亭

그림 가득 쓸쓸함은 천고의 의미   一卷蕭疎千古意

지지 않는 높은 절개 바다 위에 드러나네. 後凋高節著淸溟

【원주】 추사는 역易을 연구하면서 선대 할아버지 『주역우씨의』를 으뜸으로 쳤다. 【秋史治易, 宗先世父周易虞氏義.】

우선 인형仁兄과 헤어진 지 8년이 되었다. 갑진甲辰, 1844년 겨울에 사신으로 연경에 왔는데, 을사乙巳, 1845년 봄 1월에 비부比部, 벼슬이름 오위경의 정원에 초청하여 술을 마셨다. 연경의 선비 17명이 모여 옛일을 이야기하고 문장을 논하며 모두 즐거워했다. 우선이 김추사 선생이 그린 〈세한도〉를 보여주며 제영을 부탁했다. 급히 율시 두 수를 짓고, 추사 선생과 한묵翰墨, 글을 짓거나 씀을 통한 마음으로의 교유를 생각했다. 언제쯤이나 얼굴을 볼 수 있을지 알 수 없으니 더욱 슬플 따름이다. 양호 장요손이 함께 기록한다.

藕船仁兄別八年矣. 甲辰冬奉使來都, 乙巳春正邀飮於吳偉卿隣部寅園, 京師士夫來會者十七人, 話舊譚文, 相與樂甚. 藕船出示金秋史先生所作〈歲寒圖〉屬題, 率成二律, 兼懷秋史先生翰墨神交, 識面未知何日, 殊愴然耳. 陽湖張曜孫幷記.

(印文)【仲遠之章】【臣張曜孫】

우선의 대작 「왕자매와 장중원張仲遠의 편지를 받고 심양 도중에 따라서 짓다」라는 시가 너무도 뛰어나 읊조리느라 입에서 뗄 수가 없었다. 그 시

원운에 차운次韻하여 지었다가 흉내냈다는 비난을 크게 들었다. 중원이 또 기
록한다.

오세창吳世昌

완당 김선생께서 억울하게 제주도에 유배 가 있을 때, 그의 훌륭한 제자인
이우선 선생에게 〈세한도〉를 그려 보내 경계하고 면려하는 밑천을 삼게 하였
다. 학식이 뛰어난 두 분의 교유는 물처럼 담박했고 난초처럼 향기로웠다. 마
침 우선이 연경에 사신으로 가면서 이 그림을 가지고 가 여러 친구들에게 보
이고 두루 제영을 요청하였다. 눈앞에 가득히 빛나는 것들은 대개 중국 명사
들의 글과 글씨였다. 이에 조그만 종이 위의 마른 붓으로 그린 그림은 그 명
성이 갑자기 높아졌고, 중국에 널리 퍼지게 되었다. 이 뒤에 그림은 우선의
제자 매은 김병선 선배의 소유가 되었고, 그의 아들 소매 김준학 군이 제영을
써서 소장하였다. 이때가 그림이 그려진 지 70여 년 만의 일이다.

일제가 우리나라를 침략하여 점거하자, 공공기관과 개인 소유의 진귀한 서
적과 보물 들을 온갖 방법으로 빼앗았다. 이때 이 그림은 마침내 경성대학 교
수로 있던 후지츠카 지카시를 따라가버렸다. 세계대전의 전운이 최고조에 이
르렀을 때 소전 손군은 훌쩍 배를 타고 현해탄을 건너가 거금을 주고 우리의
진귀한 보물 몇 종을 되찾아왔는데, 이 그림 또한 그중의 하나였다. 포탄이

비 오듯 떨어지는 속에서 온갖 어려움을 무릅쓰고 겨우 돌아오게 되었다. 아! 자신의 목숨보다 나라의 보물을 더 아끼는 마음을 가진 지사가 아니라면, 어찌 이런 행동을 할 수 있었겠는가? 잘했구나, 잘했어! 그런데 이 사실을 감추고 말하지 않아 다른 사람들이 모르게 한 지가 이미 5~6년이 되었다. 올 9월에 손군이 갑자기 이 그림을 가지고 와서 내게 보여주었다. 서로 펼쳐놓고 읽으며 어루만졌는데, 마치 죽은 친구를 일으켜 세워 악수하는 듯하여 기쁨과 슬픔을 주체할 수 없었다. 이에 몇 달을 감상하다가 이렇게 그 전말을 기록하고 시를 한 수 쓴다.

粤惟阮堂金先生, 被誣謫耽羅, 寫寄歲寒圖于其高足李藕船先生, 庸資箴勉. 蓋學識超群之兩先生, 淡交如水, 其臭如蘭也. 適藕船使輶入燕, 携此圖, 以示交游諸友, 遍徵題詠. 滿目琳瑯者, 大抵吳·楚·晉·齊之名流翰墨, 於是乎尺紙枯筆之一圖, 其聲價忽騰傳播中原焉. 伊後圖歸于藕船及門梅隱金秉善前輩, 其嗣小梅準學君, 載題載詠而藏之. 是爲圖成後七十餘年也. 迨强隣奪據我邦, 凡公私珍籍寶玩, 百計攫取, 于時此圖, 竟隨京城大學敎授藤塚而去矣. 世界戰雲最高之際, 孫君素荃飄然渡玄海, 捨重金贖得吾珍貴品幾種, 斯圖亦居其一者也. 出沒於爆雨彈煙之中, 備嘗艱險, 僅獲還航. 噫! 苟非愛國寶逾生命之志士, 豈能作此行歟? 善哉!善哉! 且秘而不泄, 人無知者, 業經五六年. 今菊秋, 君忽袖此以示余, 相與展讀而摩挲之, 譬如起黃泉之親朋而握手焉, 喜悲無量. 乃瀏覽數月, 因記顚末如是, 并題一詩曰:

완당노인 그림 한 장 그 명성 자자터니
북경으로 동경으로 이리저리 방랑했네.

阮翁尺紙也延譽
京北京東轉轉餘

일백 년 인생살이 참으로 꿈만 같네.　　　　　　　人事百年眞夢幻

기쁨인가? 슬픔인가? 얻었는가? 잃었는가?　　　悲歡得失問何如

대한이 이틀 지나서 12월 5일

위창 86세 노인 오세창은 발문을 쓴다.

歲大寒節後二朝, 葦滄八十六老友吳世昌跋.

이시영李始榮

　추사는 제주도에 있을 때 우선이 보낸 책을 얻어 보고서 그가 예전의 절개를 바꾸지 않은 것에 감격하였고, 이 그림을 그려 세한歲寒에도 절개를 바꾸지 않는다는 생각을 표현하였다. 추사의 감동은 당연한 것이다. 그러나 이것은 오히려 스승과 제자, 친구들의 사회적 지위가 좋아졌다 나빠졌다 했기에 그런 것이다. 언덕과 도랑의 모습도 문득 변해버렸고, 모든 사물이 그에 따라 변하지 않는 것이 없다. 이런 때에 자신의 신념을 그대로 유지하면서 어려운 시기를 헤쳐나가기는 어려운 일이다. 내가 이 그림을 보니 수십 년 동안 어려운 환경 속에서 맘고생한 여러 선열들이 갑자기 생각나서 그 때문에 흐르는 눈물을 옷소매로 가렸다. 추사가 알았다면 자신의 감동을 버려두고 나의 감동에 감동했을 것이다.

　소전형은 바로잡아주시게. 기축년 윤달에 이시영.

　秋史在耽羅, 得藕船書, 感其不改於舊, 而爲此圖以寓歲寒之思. 夫秋史之感則宜耳. 然是猶師友親知盛衰升沈之故. 若乃皐瀆倏移, 無一物不隨以變,

于此時如能保所守而對歲寒難矣. 余觀此圖忽思數十年間, 苦心金火之諸先

烈, 爲之泫然掩袂. 秋史有知, 其將捨其感, 而感吾之感與.

　　素荃兄正之. 己丑閏月李始榮.

정인보鄭寅普

살다보면 알아주는 사람에 감동하고	人生感知己
감동이 크면 정리가 막히지 않는 법	感至理不隔
서예가는 자신을 알아주는 사람을 소중히 여기지만	書家貴徇知
뜻밖의 깨달음이 있다 말하네.	謂有想外得
추사의 그림 또한 격이 높아서	秋史畵亦高
이따금 절묘한 작품 남겼네.	往往留妙絶
이 그림 그 격이 한층 더 높은 건	此圖更一層
알아주는 사람 위해 그려서라네.	爲與知己出
이때 추사는 제주도에 유배중	是時乇羅謫
멀고 먼 하늘의 끝자락에 있었네.	迻矣天之末
친구라곤 일렁이는 파도뿐이고	伴人有海濤
한 해가 다 가도록 찾는 이 없네.	竟歲無跫音
앞으론 누굴 친구 삼아 살아갈까?	誰將舊依依
대나무 귤나무에 정을 보내보지만	遠寄篁橘深
한 해가 저물도록 쓸쓸함만 더하는데	歲晏正落莫
갑자기 편지 한 통 문 앞에 날아드네.	緘書忽墮前

어디서 왔는지 물어볼 필요 없네.	不須問所自
내 생각 하는 건 우선 한 사람이니.	念我一蔿船
마을에 달 뜨면 옛 생각이 간절하고	月坊往昔感
해 뜨면 구유 묶인 말과 같은 신세라네.	日出櫪馬群
안타깝고 안타깝다, 지금은 어디 있나	翁翁今何在
그 사람은 어찌 그리 부지런을 떨었던가.	伊人何其勤
붓길이 가는 대로 황량 풍경 그려내니	信手寫蕭瑟
쓸쓸함이 지독하여 소리가 날 듯하다.	蕭瑟如有聲
쓸쓸한 풍경을 그린 것이 아니라	不是寫蕭瑟
그대의 변치 않는 절개를 표현했네.	見子後凋情
흐르는 물 총알처럼 빠르게 지나가니	逝水雙丸疾
세상사 무슨 일이 변하지 않으리오.	何事不滄桑
한 조각 오래된 수묵 그림이	一片舊墨跡
이리저리 방랑하며 온갖 풍상 겪었네.	展轉亦備嘗
손군의 서화 감식 너무도 뛰어나	孫君工鑑別
잠깐 보고서도 두근두근 잊지 못해	乍見耿不忘
보이지도 않는 곳에 머리 숙여 절 올리며	稽首向冥漠
마음의 향 피우며 소원 듣기 바라더니	庶幾格心香
온갖 고생 갖은 고난 모두 다 겪고 나서	崎嶇無不壓
하루아침 바다 건너 먼 길을 떠나갔네.	一朝過海去
눈을 들어 찾아봐도 에도江戶에는 없었는데	擧眼無江戶
그림 있는 그곳이 혼자 눈에 보였다네.	獨見圖在處

그 심한 고질병 생각해도 우습지만　　　　自笑癖太甚

타고난 성격이라 어찌할 수 없는 일.　　　性分無我奈

전쟁의 그림자는 점점 더 다가오고　　　　戰雲從汝酣

하늘만큼 땅만큼 그림 욕망 커져갔네.　　　乾坤畫亦大

그 틈에 거금 주고 그림을 구한 다음　　　趁索重金購

칠흑처럼 어둔 밤을 비틀비틀 걸어갔네.　　夜黑步蹣跚

도랑에 엎어져도 알지 못하고　　　　　　不省壕坑仆

정강이가 시큰해도 못 느꼈다네.　　　　　不覺脛脚酸

가까스로 왜놈 복장 차려입고서　　　　　百端動卉服

돌아오는 배 속에서 보고 또 보았다네.　　歸舟看又看

그다지 넓지 않은 조선 종이 위에는　　　繭紙無多闊

겨울나무 들쭉날쭉 우뚝 서 있고　　　　　寒林高參差

쓸쓸하고 처량한 한겨울 정취　　　　　　浙瀝大冬意

적막하게 띳집을 감싸고 있네.　　　　　　歷落擁茅茨

줄 친 종이 위로 발문이 이어지니　　　　繼以烏欄跋

금예당나라 에서 유래를 알 만하구나.　　今隸識由來

그 어른 이 그림 그릴 적에는　　　　　　嘗翁寫此圖

뜻 붙일 뿐 솜씨 부릴 생각 없었네.　　　寄意非求工

깊은 감동 속에 나온 그림이라서　　　　　出之以深感

노련한 붓질은 끝도 없이 오묘하네.　　　老筆妙不窮

그 어른 우선의 의리만 알고　　　　　　翁知藕船義

손군의 의리 있음 알지 못했네.　　　　　不知又孫君

그림을 품평하는 안목 따져보자면	料其品畫眼
옛날의 이우선이 지금 손군 못 미쳐.	古李遜今孫
단지 그림을 그렸을 뿐이지만	可但爲畫已
그릴 때 경지에 정신 깃들었으니	神入畫時境
여기 모인 끝없는 감동의 덩어리	聚此無限感
하나 되어 그 어른과 영원하리라.	一團與翁永
아! 까마득한 옛날부터 내려온	嗚呼龍漢劫
풀과 나무도 보전하지 못했기에	草木不能保
나라 보물 깡그리 일본으로 건너갔고	國寶盡東渡
지사는 참담한 심정 품었네.	志士慘懷抱
천하에 건장한 자 손군이 있어	健者有孫君
두 손으로 이무기와 다투었다네.	雙手爭蛟螭
엎치락뒤치락 삼킨 것을 빼앗으니	宛轉奪旣吞
옛 물건이 이로부터 온전해졌네.	舊物全自玆
누가 알았으리. 그림이 돌아온 게	誰知一圖返
강산이 회복될 조짐이었다는 것을.	兆今江山回

내 친구 소전 손군이 추사의 〈세한도〉를 구입했는데 장황을 하지 않고 나의 제시題詩를 구하여 함께 가장자리를 비단으로 꾸미려 하였다. 내가 허락을 했지만 시절은 어수선하고 형세는 점점 절박해져갔다. 산골짜기로 숨을 계획을 세웠지만 상황이 급박하여 그리할 겨를이 없었다. 나라가 광복되자 손군과 서울에 모여 다시 이 그림을 꺼내놓고 서로 바라보며 감격스러워하였다.

이 글을 지어 제시를 허락했던 책임에서 벗어나고, 또한 우리 두 사람이 옛날 가깝게 지내며 서로 어울리던 정을 드러냈다. 그러고는 생각해보니, 당시 서화로 이름이 있던 사람들을 압박하여 작품을 내놓게 하고는 사람들에게 자랑하며 보여주려고 했었다. 권력을 엿보던 사람들은 적에게 아첨하는 데만 힘을 쏟았는데, 소전만큼은 '세한연후지송백지후조歲寒然後知松柏之後凋'라는 열 글자를 예서로 쓰고 간지를 기록할 뿐이었다. 어떤 사람은 그에게 곧 위기가 닥칠 것이라고 알렸지만, 소전의 서법은 으뜸이었는데도 그 자신의 절개를 지키는 게 이 정도였다. 그가 추사의 그림을 정성스럽게 보관하는 것은 그의 취미가 여기에 있기 때문만이 아니라, 겨울에도 절개를 바꾸지 않는 기개를 가진 사람들끼리 서로 감응하여 그런 것이다. 내가 특별히 이 이야기를 함께 썼으니 훗날 보는 사람들은 쓸데없는 이야기라고 여기지 말아야 한다. 소전 학형의 부탁으로 쓴다.

광복된 다음해 기축년 윤달에 서울 인경산남산 아래에서 짓는다. 담원 정인보.

吾友孫君素荃, 旣得秋史〈歲寒圖〉, 裝池未就, 求普題詩, 將幷緣以綾, 普諾之. 而時屬玄黃, 逼迫轉甚, 方謨竄走窮峽, 卒卒無暇爲. 迨國家光復, 與孫君會漢京, 復出此圖, 相視感慨, 作此以釋諾責, 且見吾兩人往時偪側相與之情也. 因思其時, 迫書畵名人, 出所作, 欲以張示於衆, 窺勢之徒, 務爲媚敵, 素荃, 獨書'歲寒然後知松柏之後凋'十隷字, 且干支而已. 或以告彼, 幾及危. 素荃書法冠絶, 而其自持, 又如此. 其拳拳秋史之圖, 不惟癖好所在, 亦以歲寒不改, 氣類相感. 普特幷書之, 後之見者, 當不以爲漫及也. 素荃學兄屬題.

光復之明年己丑閏月. 作於漢京引慶山下. 舊園 鄭寅普.

진상업秦緗業

서릿바람 씽씽 불어 나뭇잎들 다 지고　　　　　　霜飆獵獵林葉空

나뭇가지 삐죽삐죽 생기마저 거의 없네.　　　　　萬木槎枒少生理

파리한 한 늙은이 홀로 굽힘 전혀 없이　　　　　　支離一叟獨屈强

천지가 시작될 때 푸른 모습 그대로네.　　　　　　不改青蒼天地始

움츠린 머리털은 고슴도치 엎어논 듯　　　　　　　顚毛瑟縮伏蝟如

추위를 무릅쓰고 대와 같이 의젓하네.　　　　　　雖肯衝寒節竹猗

해마다 꽃과 버들 봄바람에 피어나도　　　　　　　年年花柳自春風

쓸쓸한 맘 품고 사는 이런 사람 예 있다네.　　　　冷抱冬心有之子

완당께선 옛 학문을 우선에게 전해주고　　　　　　阮堂舊學此傳衣

솔가지 꺾어 들고 『역』의 이치 연구하니　　　　　笑折松枝參易旨

【원주】 이 사람은 시랑 김추사의 제자이다. 추사는 일찍이 우씨의 역을 연구했다.
【君爲金秋史侍郞高弟子, 秋史嘗治虞氏易】

압록강 언저리에 하얀 햇빛 차가운데　　　　　　　鴨綠江頭白日寒

유배객은 집도 없이 고향 생각 슬프구나.　　　　　遷客無家悲萬里

그대는 일찍부터 송백 절개 떨치더니　　　　　　　知君蚤擅後彫姿

밝고 하얀 종이 위에 고스란히 그려냈네.　　　　　寫入光明魚網紙

【원주】 그림은 추사가 그린 것이다. 【圖卽秋史所繪】

생각나네. 그 옛날 우리집 초당에는　　　　　　　卻憶吾家舊草堂

몇 송이 매화꽃이 눈 속에 피었었네.   數點梅花開雪裡

【원주】우리집에 세한재가 있었다. 선조이신 등탕 선생께서 역易을 연구하시던 곳이다.【余家有歲寒齋, 爲先鐙宕先生注易處.】

1 이희팔, 『小帖遺墨』, 필사본.

2 벤저민 엘먼 지음, 『성리학에서 고증학으로』, 양휘웅 옮김, 예문서원, 2004. 9, 174~184쪽.

3 유득공, 『中州十一家詩選』 서문, 1777.

4 유득공, 『雪岫外史』 외 2종(서벽외사해외수일본10, 아세아문화사, 1986), 「熱河紀行詩註」, 〈劉阮二太史〉.

5 김정희, 『覃揅齋書牘』.

6 김노경, 『西堂遺稿』.

7 『秋覃筆談書帖』.

8 섭지선이 추사에게 보낸 편지 사본(개인 소장).

9 이상적, 『恩誦堂集』 권1, 〈立春後一日龍湖訪金秋史學士〉.

10 『各司謄錄』 78, 「推鞫日記」 18.

11 김영호 편역, 『小癡實錄』, 서문당, 1992년 3판. 52쪽.

12 김유근, 『黃山遺藁』, 〈書畵幀〉.

13 임백연, 『鏡浯遊燕日錄』 坤.

14 김정희, 『覃揅齋書牘』.

15 김정희, 『尺牘』(필사본).

16 〈추사가 초의에게 보낸 편지─己亥臘吉日〉(개인 소장).

17 『秋史한글편지』, 예술의전당 서예박물관, 2004, 224~225쪽.

18 김정희, 『阮堂先生全集』 권7, 〈夫人禮安李氏哀逝文〉.

19 김정희, 『阮堂先生全集』 권10, 〈悼亡〉.

20 숭실대 도록. "李君尙迪間果自燕歸來耶? 前冬有所付書, 而燕行已發, 未及傳致, 間或自永柔宅追傳耶? 此書亦須袖往卽傳, 如有書卷若干種得來者, 則須圖趁速便寄送之地如何耳. 日日懸望, 在此書卷之上耳. 書卷似有所入價本, 詳問於渠, 以爲某樣中區處之地如何如何? 勿泛勿泛. 花箋四五卷, 問於李君, 如有携來, 得送如何? 如八

行箋等屬耳."

21 진여의,〈화장구신수묵매和張矩臣水墨梅〉.

22 홍양호,『耳溪集』권16,〈題玉泉社書畫帖〉.

23 『阮堂先生全集』권3,〈與彝齋書〉35.

24 『阮堂先生全集』권6,〈題彝齋所藏雲從山水幀〉.

25 김영호 편역,『소치실록』, 서문당, 1992년 3판, 원문 177쪽, "此仿元人筆法. 習此然後有漸悟之道矣. 每一本十廻臨仿可也."

26 계명대학교 동산도서관 소장본이다.

27 貞碧荐藏本, 墨綠盦拔讀三過仍題.

28 貞碧荐藏本. 戊寅秋十月旣望, 墨綠居士題贈.

29 畫徵錄 一函二冊. 詩盦題.

30 이에 대해서는 졸고「秋史가 編刊한『詩盦錄定杜少陵七言絶句』의 발굴과 그 가치」(한국서지학회, 2004.12)에 자세히 서술했다.

31 유본학,『問庵文藁』乾,〈貞碧菴記〉.

32 개인 소장본이다.

33 왕희손의 인장의 경우 앞서 살펴본 것처럼 추사가 찍은 것일 수도 있다. 그렇다면 이 책은 왕희손이 보내준 게 아니라, 추사가 왕희손을 그리며 찍은 인장이란 의미가 된다.

34 김정희,『阮堂先生全集』권6,〈題趙熙龍畵聯〉.

35 장경,『强恕齋圖畵精意識』,「論畵八則」〈論品格〉.

36 김정희,『阮堂先生全集』권3,〈與權彝齋敦仁〉33.

37 장경,『强恕齋圖畵精意識』,〈天池石壁圖〉.

38 『澗松文華』48, 한국민족미술연구소, 1995, 44~45쪽.

39 『澗松文華』28, 한국민족미술연구소, 1985, 28~29쪽. "元人荒率之筆, 最難撫寫. 自非超然塵世之表者, 不能得冷逸寂靜之趣也."

40 『澗松文華』28, 한국민족미술연구소, 1985, 28~29쪽. "燈下寫大癡小景, 興會頗合."

41 『澗松文華』28, 한국민족미술연구소, 1985, 28~29쪽. "此黃鶴山樵又一種筆法也. 余近日始得見之, 爲擬其意."

42 김정희,『阮堂先生全集』권5,〈與人〉.

43 장경, 『國朝畫徵錄』〈張宗蒼張述渠〉. "黃尊古之門, 用筆沈着, 山石皴法, 多以乾筆積累, 林木間, 亦用淡墨乾擦, 湊合神氣, 頗覺葱蔚, 可觀."

44 이에 대해서는 강관식 선생의 「추사 그림의 법고창신의 묘경」(『추사와 그의 시대』, 돌베개, 2002)의 주장을 따랐다.

45 「추사가 초의에게 보낸 편지-己亥臘吉日」(개인 소장). "大槪焦墨一法爲不傳妙諦. 偶因許癡發之. 何料墨輪輪轉又及於師也."

46 『海鄰書屋收藏中州詩』,〈乙巳孟春奉題 藕船先生歲寒圖卽求 淸正〉.

47 『復初齋摘句圖』(개인 소장)의 발문에 있는 글이다.

48 소식,〈偃松屛贊幷引〉.

49 김정희, 『阮堂先生全集』권9,〈春日北崦人家偃松下同人小集〉.

50 장경, 『國朝畫徵錄』〈李鱓陳撰張口〉. "嘗作五松圖題云, 予以直者比之大臣, 禿者比之名將, 一側一臥似蛟似龍, 蒲團之松或仙或佛."

51 김정희, 『覃揅齋書狀』(필사본).

52 김정희, 『覃揅齋書狀』(필사본).

53 『中士尺牘』,〈王喜孫抵金秋史書〉. 이상적의〈속회인시〉에는 '彦惟張明經成孫' 조가 있다. 이를 보면 언유(彦惟)는 자이고, 이름은 성손(成孫)이었다.

54 김정희, 『阮堂集』권1,〈與李知事尙迪書〉.

55 김정희, 『阮堂先生全集』권3,〈與權彝齋敦仁〉33.

56 홍석주, 『淵泉全書』,「鶴岡散筆」권6, 영인본(오성사), 183쪽.

57 이 편지는 월간 『文學思想』50호(문학사상사, 1976. 11월)의〈歲寒圖를 보는 10개의 視點〉이란 글에 실려 있다. 다만, 편지 원문의 사진은 앞부분만 있고 뒷부분은 실려 있지 않다. 번역문이 실려 있지만 오역이 많아 필자가 수정하였다.

58 이상적, 『恩誦堂集』「海隣尺素」, 아세아문화사, 1973.3. 680쪽.

59 『蘭言彙鈔』〈장요손 서찰〉. "昨求書楹帖, 若以揮就, 乞發下. 玆奉去紅束, 敬邀大駕於十三日見過, 一敍作竟日譚讌, 諸同人畢集, 望早臨爲幸."

60 『은송당집』권9의〈追題海客琴尊第二圖二十韻〉의 기록과 『海隣書屋收藏中州詩』에 실린 曹楙堅의 기록을 근거로 한 것이다.

61 김정희, 『阮堂先生全集』권4,〈與李藕船尙迪〉6.

62 『彙編』(필사본).

63 이상적, 『恩誦堂集』「續卷」4, 아세아문화사, 1973, 247쪽.

64 정인보는 발문 끝에 "광복된 다음 해 기축년 윤달에 서울 인경산(남산) 아래에서 짓는다."라고 하였다. 이 때문에 이수미는 그의 논문 「〈세한도〉에 내재된 조형의식과 장황 구성의 변화」(『美術資料』76호, 국립중앙박물관, 2007)에서 정인보가 1946년에 발문을 쓴 것으로 보았다. 하지만 여기서 광복은 1945년이 아니라, 1948년 대한민국 정부가 수립된 것을 말한다. 정인보가 발문을 쓴 시기는 1949년 윤달(7월)이다. 또한 이수미는 국립중앙박물관에 소장되어 있는 〈세한도〉의 사진을 근거로 손재형이 〈세한도〉를 입수하기 이전에 그림과 제영들이 분리되어 있었다고 주장했다. 하지만 그것은 〈세한도〉 원본 사진이 아니라, 후지츠카가 영인한 영인본의 사진이다. 원본이라면 압정으로 그림을 눌러놓았을 리 없을 것이다. 즉, 국립중앙박물관 소장 유리원판 사진은 후지츠카가 제작한 〈세한도〉의 영인본을 촬영한 것이다.

65 이것은 잘못이다. 일찍이 추사는 완원에게 조선판 『산학계몽』을 보내준 적이 있다. 이 책은 본래 원나라의 주세걸이 지은 책인데 중국에서는 사라져버렸다. 완원은 추사가 보내준 이 책을 중국에서 간행케 했는데, 이를 잘못 알고 추사가 『산학계몽』을 지었다고 한 것이다.

66 추사와 교문이 있던 서유임(徐有任, 자는 鈞卿)을 가리키는 듯하다. 서유임은 산학(算學)에 조예가 깊었으며, 추사는 그에게 『산학계몽算學啓蒙』을 보내주었다. 서유임도 추사에게 유봉록의 『유예부집劉禮部集』을 보내주었다.

67 춘추시대 위무공(衛武公)은 95세의 나이에도 불구하고 나라 사람들에게 자신을 일깨우는 좋은 말을 해 달라고 당부했다고 한다.

68 『고정림선생연보顧亭林先生年譜』는 장목이 편찬하여 1844년에 간행하였다.

'키워드 한국문화'는 한국의 역사와 문화를 재발견하는 작업이다. 한국문화의 정수를 찾아 그 의미와 가치를 정리하는 일이다. 한 장의 그림 또는 하나의 역사적 장면을 키워드로 삼아, 구체적인 대상을 통해 한국을 찾자는 것이다. 처음 소개되는 것도 있을 것이고, 잘 알려져 있더라도 이제야 그 진면목이 드러나는 것도 있을 것이다. 영상과 멀티미디어에 익숙한 현대적 감각에 맞추어 시청각자료를 풍부히 활용하고자 했다. 우리 것이니 당연히 알아야 한다는 의무감에서가 아니라, 같은 땅에 살았던 사람들의 삶의 이야기를 조근조근 들려주어 자연스레 책을 펼쳐볼 수 있게 했다. 이로써 멀게만 느껴졌던 인문학과 독서대중의 간극을 좁히고자 했다.

한국문화를 전혀 모르는 사람들에게나, 어렴풋이 알고 있다고 생각하지만 선입관에 사로잡힌 사람들에게, 또 좀더 깊이 알고자 하지만 길을 찾지 못하는 사람들에게 '키워드 한국문화'는 좋은 안내자가 될 것이다. 한국이 어떤 나라인지 묻는 외국의 벗에게 이 책 한 권을 건넴으로써 대답을 대신할 수 있을 것이다. 책이 한 권 한 권 간행될수록 한국문화의 특징과 아름다움이 더욱 선명히 모습을 드러내리라 믿는다. 책으로 만든 '한국문화 특별전시관'의 완공을 손꼽아 기다린다.

키워드 한국문화 기획위원
김문식, 박철상, 신수정, 안대회, 정병설

키워드 한국문화 1

세한도

ⓒ 박철상 2010

1판 1쇄 │ 2010년 1월 8일
1판 8쇄 │ 2021년 3월 30일

지은이 박철상

책임편집 구민정 │ 편집 임혜지 최지영 오동규 │ 독자모니터 양은희
디자인 엄혜리 한충현 김민하 │ 마케팅 정민호 양서연 박지영 안남영
홍보 김희숙 김상만 함유지 김현지 이소정 이미희 박지원
제작 강신은 김동욱 임현식 │ 제작처 영신사

펴낸곳 (주)문학동네 │ 펴낸이 염현숙
출판등록 1993년 10월 22일 제406-2003-000045호
주소 10881 경기도 파주시 회동길 210
전자우편 editor@munhak.com │ 대표전화 031)955-8888 │ 팩스 031)955-8855
문의전화 031)955-2655(마케팅), 031)955-2671(편집)
문학동네카페 http://cafe.naver.com/mhdn │ 트위터 @munhakdongne
북클럽문학동네 http://bookclubmunhak.com

ISBN   978-89-546-0991-3 04900
       978-89-546-0990-6 04900 (세트)

www.munhak.com